Ha!
The Science of When
We Laugh and Why

Copyright © 2014 by Scott Weems Simplified Chinese translation copyright © 2017 by SDX Joint Publishing Company Ltd. Published by arrangement with Basic Books, a Member of Perseus Books LLC through Bardon-Chinese Media Agency. ALL RIGHTS RESERVED

笑的科学

解开笑与幽默感背后的大脑谜团

[美]斯科特·威姆斯 著　刘书维 译

生活·讀書·新知 三联书店

Simplified Chinese Copyright © 2017 by SDX Joint Publishing Company.
All Rights Reserved.
本作品简体中文版权由生活·读书·新知三联书店所有。
未经许可，不得翻印。

图书在版编目（CIP）数据

笑的科学：解开笑与幽默感背后的大脑谜团／（美）斯科特·威姆斯著；刘书维译．—北京：生活·读书·新知三联书店，2017.3
（新知文库）
ISBN 978－7－108－05794－5

Ⅰ.①笑…　Ⅱ.①斯…②刘…　Ⅲ.①幽默（美学）－研究　Ⅳ.①B83

中国版本图书馆 CIP 数据核字（2016）第 191660 号

责任编辑　李　佳
装帧设计　陆智昌　刘　洋
责任校对　安进平
责任印制　徐　方
出版发行　生活·讀書·新知 三联书店
　　　　　（北京市东城区美术馆东街 22 号 100010）
网　　址　www.sdxjpc.com
经　　销　新华书店
印　　刷　北京铭传印刷有限公司
版　　次　2017 年 3 月北京第 1 版
　　　　　2017 年 3 月北京第 1 次印刷
开　　本　635 毫米×965 毫米　1/16　印张 15.5
字　　数　185 千字
印　　数　0,001-8,000 册
定　　价　32.00 元
（印装查询：01064002715；邮购查询：01084010542）

新知文库

出版说明

在今天三联书店的前身——生活书店、读书出版社和新知书店的出版史上，介绍新知识和新观念的图书曾占有很大比重。熟悉三联的读者也都会记得，20世纪80年代后期，我们曾以"新知文库"的名义，出版过一批译介西方现代人文社会科学知识的图书。今年是生活·读书·新知三联书店恢复独立建制20周年，我们再次推出"新知文库"，正是为了接续这一传统。

近半个世纪以来，无论在自然科学方面，还是在人文社会科学方面，知识都在以前所未有的速度更新。涉及自然环境、社会文化等领域的新发现、新探索和新成果层出不穷，并以同样前所未有的深度和广度影响人类的社会和生活。了解这种知识成果的内容，思考其与我们生活的关系，固然是明了社会变迁趋势的必需，但更为重要的，乃是通过知识演进的背景和过程，领悟和体会隐藏其中的理性精神和科学规律。

"新知文库"拟选编一些介绍人文社会科学和自然科学新知识及其如何被发现和传播的图书，陆续出版。希望读者能在愉悦的阅读中获取新知，开阔视野，启迪思维，激发好奇心和想象力。

生活·讀書·新知 三联书店
2006年3月

致笑口常开的
凯瑟琳·拉塞尔·里奇

目 录

引 言   1

第一部　是什么？
欢愉：捉摸不定的概念

第一章　可卡因、巧克力与憨豆先生   12
第二章　发现的刺激快感   36
第三章　帝国大厦上停机   60

第二部　为了什么？
幽默与我们是谁

第四章　特化是给昆虫用的   88
第五章　我们的电脑霸主   111

第三部　然后呢？
成为更加乐活的人

第六章　比尔·科斯比效应　　　　　　　　140

第七章　幽默翩然起舞　　　　　　　　　　158

第八章　噢！你将要去的地方　　　　　　　182

结　语　　　　　　　　　　　　　　　　　201

致　谢　　　　　　　　　　　　　　　　　207

参考文献　　　　　　　　　　　　　　　　209

引　言

"笑话已死，甚至还发了讣闻。"这段文字出自华伦·圣约翰之笔，并发表在 2005 年 5 月 22 日的《纽约时报》上。"笑话孤零零地死去，"圣约翰这么写着，"连一位至亲都没有。"

若是让整日清谈的诗人来描述当时的场景，那是个晦暗萧瑟、狂风肆虐的长夜。纽约市正遭受深约 50 厘米的积雪考验，强烈阵风时速超过 120 公里，而气温降得比冰点还低得多。这个城市还未从两星期前更为严重的暴风雪中恢复，市长瓦格纳因此被迫发表紧急声明。一直到天气放晴，推土机能将大片狼藉推到东河之前，纽约市持续暂停交易。此时，一位名叫莱尼·布鲁斯（Lenny Bruce）的年轻喜剧演员在西 47 街一家旅馆等着，想知道有什么人会顶着如此糟糕的天气来看他的演出。连车子都不能上街，有谁可能会冒险出门进城，就为了看场喜剧？

1961 年 2 月 4 日的午夜，正是传统笑话苟延残喘的开始。当深夜将尽之际，布鲁斯的生涯，甚至是喜剧本身，再也不会一样了。

布鲁斯早已借着几段以种族、宗教、假圣洁等为内容的犀利独角喜剧表演为自己打响名声。他不太说笑话，许多人也不觉得他的故事特别好笑。或该说这些故事其实相当震撼，与其说是喜剧，倒比较像是社会评论。布鲁斯不是像鲍勃·霍普（Bob Hope）或锡德·凯萨（Sid Caesar）那样的喜剧演员；他的演出没什么结构，显然没排练过。正如同爵士乐手砥砺技艺，并非通过专注于一首一首独立的歌曲，而是使自己演奏乐器的技巧臻于完美。布鲁斯逐渐成为即兴表演的大师级人物，在卡内基音乐厅的这场表演可算是他的杰作。

在这场表演中，布鲁斯先看了看观众的多寡，他想知道如果自己站上舞台仅表演一段小提琴独奏，而不是喜剧的话究竟会怎么样。接下来，他站上了舞台，开始展现看家本领，脱口而出一连串的观察和小故事；这些故事若是印成文字，将会让人无法明白。他思索着若是耶稣和摩西一起参观圣帕特里克大教堂，看到枢机主教的戒指尺寸时，会发生什么事。他很纳闷，既然地球不停地在转动，怎么正午死掉的人能上天堂，而在深夜里过世的人却没有下地狱？当麦克风尖锐的回授突然飘出，他搜寻舞台寻找声音的来源，沉思着如果讲者此时随便挑个在帘幕后面练习钢琴的小鬼发出声音，这该多有趣呀！就如同查理·帕克用萨克斯，而麦尔斯·戴维斯用的是小号般，布鲁斯举起他的麦克风将福至心灵的一切，用即兴创作的方式表演出来。虽然他几乎不说传统的"笑话"，却引来满堂大笑。"并没有什么对错，"他在演出开始不久就这么宣称，"就只是我看是对的，你看是错的。"

接下来的两个小时，布鲁斯分享他对于宗教、偏见，甚至是留腋毛的女人的观察；尽管他采取的途径不算大突破，却是第一次有人能表演得如此流畅明快。就像那个世代的其他喜剧演员一样，他排斥讲营造句（setups）和笑点等主意，而偏好用更个人化的途径，把简短笑话连贯成让人焦虑、含糊吞吐的连珠炮，好几次近乎成了胡言乱语。他不是那个时代最好笑的喜剧演员,依他的程度可差得远了!他想表现的许多幽默对听众来说无关痛痒,只因为他压根儿没把话说完。他也不是最聪明的。应该说,他是具有最富创意的奇异个人特质,就像学校里公认最有机会成功的小孩,如果他在乎这个头衔的话。他既是个天才,也是个彻头彻尾的乱源。

"所有的笑都是不由自主的。"他在表演中这么说,"你试着在一个小时内假笑四次看看。老兄,这会把你榨干!你办不到的。人们会笑就只因为好笑。(切换成生硬又正式的语气)因为你们都曾是这些讽刺情景的主角。"换句话说,幽默发生在我们与他人产生联结,并分享他们挣扎与困惑的时候。确实如此,1961年2月4日,所有的笑都是不由自主的。

尽管如此,笑话最后的丧钟一直到他演出结束前都还未敲响。布鲁斯宣布他想以一则含有营造句及笑点的传统笑话,为他的表演画下句号。大家应当笑翻了屋顶,被逗得乐不可支。他的任务将功德圆满,不需再谢幕;这个笑话就已完全足够。

但19分钟过去了,他还没沾上笑点的边。

虽然这个笑话最终果真引来如雷的笑声和掌声,可是这个反应却不是来自笑话本身。那是个相对平淡乏味的笑话,内容是在飞机上有个睡着的男人拉链没拉、私处外露的故事。听众爆出如雷的掌声,是因为他们刚体验到某种不寻常的事情。他们目睹了一种新形态的喜剧。

在那之后不久,布鲁斯可能会因为猥亵而遭逮捕,如此一来喜剧演员如卡林(George Carlin)、普赖尔(Richard Pryor)将取代他的地位,成为使用前所未见的方式鼓动听众的幽默界先驱。喜剧仍将如往常般不受侵染,纵使没有人会再以同样眼光看待它。

"我不是喜剧演员,"之后布鲁斯这么说,"这世界病了,而我是医生。我是外科医生,举起手术刀剖开虚假的价值观。我不是在做戏,我只是在说话。我就是莱尼·布鲁斯。"

我生得太晚,没办法看到布鲁斯的现场表演;但我喜爱他的作品,它常让我不明白:为什么我们会觉得某些事物好笑?这不仅是哲学问题,也是科学问题:为什么有些言语,包括笑话、妙语或是长篇故事会激起欢乐与欢笑,而另一些却不会?或者更具体一点,为什么我们对布鲁斯以及扬曼(Henny Yoangman)的连珠妙语会有一样的反应呢?扬曼是说出"带着我老婆……拜托"这句不朽名言的喜剧演员。这类简短笑话虽然已经式微,但在它风光的日子,可是会让听众大声狂笑的。其实幽默就像其他形态的娱乐一样,可能会因应当代品位而调整。但这不能解释为什么某些东西对一个人来说好笑,对另一个人却不会;或是为什么某些东西在这十年间令人捧腹,在另一个十年却显得既庸腐又俗套。

追根究底,我相信这些问题的答案就在于,幽默不等同于双关语或简短笑话。就算有像布鲁斯这样的表演者颠覆了传统笑话,但幽默仍保持充沛活力。这是因为幽默是一种过程、一种反映听众的时代及需求的过程。它是社会或心理层次上概念的加工,而这些概念无法简单地通过我们有意识的心智去应付。

身为一个有十多年经验,研究大脑如何运作的认知神经科学家,我知道若要理解幽默,便需要辨识人类大脑庞大的复杂性。如果大脑是政府,它不走独裁制,也不走君主制,甚至不会是民主制;它应该是无政府主义。据说大脑像极了里根总统执政时期,其特征是无数部会各自独立行动,只是表面上看起来好像有个中央执行者。姑且将政治观点放到一旁,大部分的科学家是同意这种说法的。大脑的确相当庞杂:从这里连接到那里,接着又从那里连接到其他更多地方，而整个系统却没有所谓的"最后部分"来决定我们的言行。我们大脑的行动，反而是让各种概念彼此竞争以获得最后结果。这种途径有它的好处，比方说它能让我们推理、解决难题，甚至是阅读书籍。尽管如此，有时它也会导致冲突，例如当我们想同时掌握两种或更多不协调的概念的时候。要是这种状况发生了，我们的大脑只懂得做一件事，那就是笑。

我们常把人类心智想得跟电脑一样，以为它能从环境接收输入信号，并根据我们当下的目的行动；但这样的观点并不完全正确。与其说以有逻辑、控制良好的方式运作，大脑更像是在同一时间执行多重任务。当它面临模棱两可的情况时不会死机，反而利用这些困惑达成复杂的思想。当大脑接触到的命题或信息产生冲突时，它便会利用这个冲突产生新颖的解答，有时甚至会制造出前所未有的点子。幽默之所以会成功，是因为我们在过程中感到喜悦；因此一个枯燥乏味的心灵，势必是没幽默感的心灵。我们从克服困惑获得愉悦，我们想到解答时就会笑。

将幽默看成社会及心理现象，对我们产生的挑战之一是它不容易测量。大部分的科学家比较喜欢专注于笑这种具体的行为；因此，对笑的研究是相对透彻的。调查中更显示，比起其他情绪反应，更常看到人们对彼此笑。我们每天平均会笑十五到二十次，不过这还是有很多变异，女人随年纪增长，会渐渐比较少笑，但男人就不会如此。所有人都倾向在下午和晚上笑，而这个趋势在年轻人身上最明显。

所以说，笑的研究是我们企图理解幽默的第一步，也就不奇怪了。亚里士多德说：人类是唯一会笑的物种，在婴儿还没发出第一声咯咯笑前，他们还没有灵魂。他更进一步宣称，每个婴儿会在他出生后第40天发出第一声笑。尼采则描述笑是对存在性孤寂的反应。弗洛伊德的观点就正面多了（这不是他往常的调性），宣称笑是紧张和精神能量的释放。当然，这里的每个定义都有问题，因为它们都无法得到证明。我们无从测量精神能量和存在性孤寂，未来也不可能会有。也许这就是为什么霍布斯总把事情搞得一团糟仍感到自在，凭他将笑称为"从某种乍现的概念中，意识到我们自身的某种特长所升起的光荣自豪"。

笑，是我们实际能观察、能测量的，研究笑这个行为的确有无穷的乐趣；但幽默更加显露了我们的人性、我们如何思考和感觉，还有我们如何与他人联系。幽默是一种心智的状态，这正是本书要说的故事。

《笑的科学》要说的是一个概念：幽默与其最常见的表现方式，也就是笑，都是因为大脑仰赖冲突运作所产生的副产物。由于大脑须经常处理困惑或模棱两可的情境，而我们的心智却会偷跑、犯错，最后往往将自己陷于复杂的泥沼里。但这不是坏事，它反而使我们有适应力，笑的能力也是由此而来。

布鲁斯那晚这么好笑的原因，就像十年后的普赖尔和今日的路易·C.K.，在于他们都找到方法来传达他们那个时代受关注的议题。以布鲁斯为例，在20世纪50年代晚期说些关于假圣洁、偏见、毒品的故事，为这些至少在当时仍无法公开讨论的议题带来一线曙光。好笑，是他帮助听众超脱如此动荡时局下的生活之方法。虽然说传统笑话的确可能已经死了（或者更像是元气大伤），幽默仍是一如往常地健康，因为与他人联系的需求是永无止境的。

接下来的两百多页内容，你会看到几乎所有人类认知的面向，都与幽默紧密结合。例如有些事对我们来说不只是幽默，也有助于顿悟、创意，甚至心理健康。研究指出，幽默在日常生活中的利用，就像回复电子邮件或描述形象，都与智力极度相关。简单来说，我们越聪明，就越有可能分享一则好笑话。要欣赏幽默，我们甚至不需要个性外向，最重要的是，要能享受一场开怀的笑。

多年来，科学家早已知道幽默能增进我们的健康；而现在通过将幽默视为扎实的心智锻炼，我们才理解为何如此。幽默就像大脑的锻炼，正如体能锻炼强健体魄，保持爱笑的视角是维持认知敏锐最健康的办法。这也解释为何罗宾·威廉斯（Robin Williams）的独角喜剧桥段，能提升我们解决字词联想的能力；心智就是要经常运作、被开拓与接受惊喜的。这类的喜剧可促使我们的大脑与困惑正面交锋，激荡出新的火花。

虽然在本书中，我们将探索如何把幽默融入生活里，但值得一提的是，我们的目的不在于学习如何逗人笑或说出完美的笑话。这并不是说读完本书，你无法成为一个更有趣的人，要让一个人变有趣，关键不在于学些把戏或背些笑话，而是掌握如何以幽默来回应这个充斥冲突的世界。那么你将会明白，为什么喜剧没有简单的清单或规则可循，还有为什么没有一个笑话有办法取悦所有人。幽默相当见仁见智，因为我们每个人处理复杂大脑里意见不合的方式都是独一无二的。

有人认为研究幽默没什么意义，因为它神秘得不可解。美国作家 E. B. 怀特甚至曾经这么写——"分析幽默就像解剖青蛙：鲜少人感兴趣，而且主角最后总是死了。"某种程度上，这话说得没错。因为幽默一直在变化，而且如同实验桌上的青蛙一样，要是没有束缚，主角很容易就摆脱我们。但现在科学家正逐渐发现，幽默是我们面对冲突和疑惑的自然回应，这个主题绝对值得我们关注。还有什么会比找出我们如何妥善处理不确定性，更有助于理解我们仰赖什么运作呢？

另一个反对研究幽默的常见论述是，它既像艺术又像科学。古德曼为幽默计划组织的主任,有一次他宣称人们学着让自己变有趣,这其实和音乐家登上卡内基音乐厅用的是一样的方法;也就是,他们都追随五P法则①:练习、练习、练习、练习,再练习。幽默如此复杂是千真万确的,笑的原因也非常多元,导致没有任何规则可以从一种情形类推到另一种情形。但幽默有一些非常清楚的要素,这正是科学才刚要开始揭露的。这些要素解释了双关、谜语甚至是律师笑话。而且它们全都仰赖我们高等的大脑机制对冲突与歧义的解决。

我将会在一开始向你介绍最新的幽默研究,研究显示唯有通过拥有优柔寡断的大脑,我们才能在这对于认知及情绪都相当苛求的世界中获得愉悦。这带出了下面的问题:幽默是什么?为什么它那么让人享受?我们将看到,幽默仰赖几个阶段才能达成:这套流程起始于对这世界初步的预测,结束于解决了不可避免的误解。没有这样的开始和结束,我们就不会笑。但如果这个过程拖得太久反而让人抓不到笑点。

下面的问题是:为了什么?幽默有什么目的?为什么我们需要这么复杂的大脑?如果我们的心智像电脑一样,更加容易预测,人生难道不会比较简单吗?答案是绝对不会。首先,电脑经常死机,尤其是碰到歧义的情况。如果电脑混淆了,就必须关机重开。但是相形之下,大脑纵使在面对不可预期的情形,也必须维持运作。再者,电脑哪里写得出一首高雅得体的十四行诗,或创作一首朗朗上口的歌呢?想要变得简单就必须付出代价。

最后一个问题是:然后呢?换句话说,我们要怎么利用内在冲突,让生活变得更美好?如何变成更有趣的人?虽然这不是一本自

---

① 取 practice(练习)词首的 P。——译注。如无特殊说明,文中注释皆为译注。

学宝典，但我会提到，增进幽默感如何影响你的健康，如何帮助你和陌生人相处，甚至如何让你变得更聪明。我们生活中几乎每个面向，都能借由专注于幽默而获得改善。这本书会告诉你为什么。

虽然认知神经科学家的学术背景，确实在写这本书时帮了我很多忙，但我已经尽量让这门科学对大众读者来说浅显易懂。任何新兴的科学，其最令人感到兴奋的面向之一，就是人人都是专家，也都是门外汉。虽然许多科学家将这个学科带上一条不寻常的路，好比说最近由路易斯维尔大学研究员所做的、关于法国作家加缪的幽默研究，这个研究还非常新，所以很容易跟上它的思路。它也有助于幽默在近期成为学术界正式的研究主题，一如语言学、心理学和社会学。我写这本书的目的，是想扮演译者的角色，或者说是个中介者，将各领域有趣的研究抽出来，并结合这些研究的洞见，形成一个新的领域——幽默学。

最后我必须提到，写这本书不是为了搞笑，虽然我偶尔也会陷入这种窘境，但我不在乎。事实上，我觉得我们强烈地渴望让自己变得有趣，正是幽默研究的最大阻碍。研究幽默的科学家一提到工作，可是出了名的严肃；事实上他们也应当如此，因为这个主题需要高度精确以及学术严谨。但也因为主题是幽默，很多人把这领域看成是说笑话的好机会，而这是个大问题。我改写拉斯金在《幽默》期刊第一期序言里的一段话：精神科医师在描述精神分裂症时，并不想试着让自己听起来神经兮兮或是怀有妄想，那为什么研究幽默的人就应该试着让自己搞笑呢？这是很好的论述，而我打从心里尊敬这段话。

现在，让我们迎向一场欢笑的瘟疫、一部灾难片……还有，世界上最脏的笑话吧！

第一部

是什么？
欢愉：捉摸不定的概念

第一章
可卡因、巧克力与憨豆先生

> 那些没幽默感的人不愿去分析幽默,其退避的程度似乎没有极限。幽默好像让他们相当困扰。
>
> ——罗伯特·本奇利(Robert Benchley)

让我们从三个大不相同、有关笑的例子开始谈起吧!我叫它们"卡盖拉""帝国大厦上停机",还有"《泰坦尼克号》事件"。每个故事都很独特,但它们都说出幽默某些重要内涵以及笑是怎么一回事,笑的意义可比单纯只是好笑丰富许多。

卡盖拉

大家都享受痛快一笑,但要是你一笑就停不下来的话呢?

我们第一个要谈的事件发生在坦桑尼亚的卡盖拉区,这里毗邻维多利亚湖西岸,后来称为坦噶尼喀。卡盖拉距离最近的机场约六小时车程,这里鲜少新闻,也因此这个地方竟成为历史上最不寻常的传染病之一的发源地,实在令人惊讶。1962年1月30日星期二某时，三名地方教会寄宿女校的学生开始大笑。接着，当她们与更多同学碰头后，她们的朋友也开始大笑。咯咯笑声很快传递到邻近的几间教室。由于学生没有按照年纪分班，低年级与高年级学生共用教室，不久后整个校园的每个角落都蔓延着笑声。

很快地，学校里一半以上的人无法控制地笑着，总共约一百人。无论他们多努力，就是止不住笑。而爆发持续进行着。

虽然没有教员受到"感染"，包括两位欧洲籍和三位非洲籍的老师，但这起事件急速席卷整个村落。尽管大人们尝试抑制女孩发笑，这样的行为依然持续着。而实际上有些学生的性情开始变得凶暴。几天过去了，接着几个星期过去了；这场大笑一个半月后仍然没有停止，学校被迫停课。随着学生在家隔离，大笑总算平息，而学校在 5 月 21 日得以重新开始上课，这几乎是距离首次爆发四个月后了。后来，当 159 位学生中有 57 位又像先前事件一样染上大笑时，校门再度关上。

学校并非唯一被波及的地方。停课后没过多久，相似的情况在邻近城市、村落接连爆发。很明显地，就近返家的女孩中，有几位将这种大笑症沿路传染给数十人。疫情甚至扩散到山巴，这是一个约一万人居住的村落，其中受感染的有数百人。感染对象不再限于孩童；疫情散播之广，甚至无法确切计量被波及的人数。你能如何测量这整起事件的规模呢？那年最后总计有 14 所学校关闭、超过一千人屈服于无法控制的大笑症。

从一开始算起 18 个月后，笑声总算平息，笑症就这样自己绝迹了。这世界仿佛在短时间内，目睹了笑的感染力有多强。但问题还在：这到底是为什么？

帝国大厦上停机

第二则笑的个案研究要关切的是上述故事发生后约五十年，在地球另一端发生的事件。地点在纽约修士俱乐部，时间恰好是2001年"9·11"恐怖袭击事件几星期后。主持人基梅尔正欢迎吉尔伯特·戈特弗里德（Gilbert Gottfried）上台吐槽当晚嘉宾《花花公子》的创刊人赫夫纳。在他之前，所有人都回避了任何带有政治或社会影射的笑话。尽管有些人谈到最近的悲剧，但评论都简短且尊重。他们没有着墨于当天的要题，而将自己的言谈局限在"那话儿"的笑话，还有评论赫夫纳单身汉式的多情生活。

而戈特弗里德先用几个安全的笑话开始他的吐槽演出，包括赫夫纳需要使用万艾可这件事。接着他又更进一步，谑称自己的穆斯林名是"没被炒鱿鱼"（Hasn't Been Laid）。群众笑成一片，所以戈特弗里德决定拼个突破。

"今晚我必须早点离开。我必须飞去洛杉矶。我买不到直飞，所以必须在帝国大厦上停机。"

紧接着一阵沉默。大家开始觉得很不自在，还有些人倒抽一口气。接着屋里嘘声四起。

"太快啦！"观众大叫。前一刻还大笑着、很给面子的观众，这下子却变得群情激奋。

戈特弗里德停顿了。身为一个拥有超过二十年经验的专业喜剧演员，他看得出来大家把矛头指向他了。他踩到线了。有的表演者会承认错误，并聊回安全题材；另一些人可能就干脆下台。但是戈特弗里德走了条不同的路。

"好的！有个经纪公司的星探坐在他的办公室里。一家子走了进来：一个男人、一个女人、两个小孩和他们的小狗。星探就问啦：'你们会哪种表演呢？'"

我真的很希望能跟你说这笑话接下来的发展。不过你永远都不可能看到它以文字形式呈现，就像你也不可能看到它出现在那场吐槽会的录像中。那笑话低级到不能留下记录，可能当场所有摄影机都被砸爆，或是喜剧中心电视台事发后吓得马上烧毁影带。这个笑话以它的笑点"贵族"为名，内容充斥着粪便、暴力，甚至乱伦。虽然已经出现十几年了，却几乎从来没有在公开场合说过，因为这名副其实真的是世界上最脏的笑话了。在营造句之后，也就是一家子走进星探的办公室描述表演提案，接着他在笑话中尽可能地叙述最猥亵的表演，充满性爱以及不可言说的禁忌。而表演者给他们的节目取"贵族"这般得体的名字，这样的笑点与其说是传统笑点，不如说是借这个机会分享令人作呕的故事设定。

尽管观众起初怀有戒心，但随着猥亵程度节节攀升，戈特弗里德卖力演出终究俘获了观众的心。很快地，大家鼓噪着，许多与会者本身就是对喜剧抱有极高标准的表演人，他们也捧腹大笑。当这笑话结束时，有些人还在疯狂大笑，笑声大到某位记者如此解释：那笑声听起来，就像戈特弗里德刚对观众做了场集体气管切开术。这场表演令人印象深刻，甚至有人用这笑话当题材拍了部电影，其中戈特弗里德的表演为全片高潮，片名就叫《贵族》。如果你百无禁忌、不容易被冒犯的话，我恳请你去看看这部片子。

戈特弗里德就这样打发了他剩下的表演时间。他被视为当今纽约的传奇人物，至少有一部分原因来自那则笑话；他是喜剧高手中的高手。若用他的话来说，这则笑话带来的助益不仅限于他的事业。

"美国今天之所以能昂首挺立，"多年后他在一次访谈中如此宣称，"唯一的原因就是我在赫夫纳的吐槽会上说了那则笑话。"

第一章　可卡因、巧克力与憨豆先生

《泰坦尼克号》事件

　　我们最后一则笑的个案研究属于我的个人经验。1997 年圣诞节前后，我和太太劳拉与我爸妈去看电影《泰坦尼克号》。由于我们才刚搬去波士顿开拓新工作，那阵子倍感压力，不过我们还是想在过节时见家人。于是带上宠物，直奔佛罗里达拜访我爸妈。一如拜访家人时经常发生的状况，到了第二天我们已经没事可做了。而在选择电影上要达成共识相当困难，不过到头来我们并没有太多选择。当时仅有一部电影称霸影院，几乎每小时都有新场次播映。我们要看的是一部关于冰山的片子。

　　我不是故意要爆料剧情，但《泰坦尼克号》快结束时有一幕是莱昂纳多·迪卡普里奥在那艘沉船附近快被冻死时，凯特·温斯莱特紧抓着一块漂浮的轮船残骸。莱昂纳多就要挂了，而凯特的生命将有新的意义，远处的凯茜·贝茨则在抱怨有人该去做点什么啊！超过两小时的爱情故事堆砌至此，导演詹姆斯·卡梅隆发挥得淋漓尽致。看着这悲剧的一幕，我转过身向后方看去，只见观众席上每个人都潸然泪下。不分男女，大家都在啜泣，其中包括我爸。直至今日他仍坚称当时只是吃了太多红辣牌肉桂糖。

　　然后我看向劳拉。她在笑。

　　嗯，我不想把我太太说得麻木不仁。她常哭，或者至少是她这年岁的女人哭泣的正常量。她甚至听不下莎拉·麦克拉克兰的音乐，因为会让她想起防止虐待动物协会抵制对动物施暴的电视广告。但在当晚，电影院中某种荒唐的情境使她失控了。她试图忍住想笑的冲动，但愈是挣扎掩藏，愈是迸发出来。我们周围的人开始变得恼怒，而这只让情况变得更糟。我问劳拉到底是怎么回事。

等了几秒后她才回答。

"呦,阿德里安!"她在我耳边悄声说着《洛奇》系列电影中的一句台词。很明显地,在我们眼前的这幕,使她想起那费城的爱情故事,而其余在场的人都还在北大西洋哀戚着。她甚至还学史泰龙含糊吞吐地念着音节。在当下我们正在看的这部电影中,这些角色吞吞吐吐地讲话是因为他们快被冻死了;而在《洛奇》中,他们本来就是这么说话的。

我爸妈并不觉得有趣。

我分享这三则事件来展开一本讨论幽默的书,可能有点奇怪。毕竟,只有第二则含有传统定义上的笑话(虽然定义得很宽松),而且就像之前提过的,那个笑话猥亵到我甚至无法在此重述。而在劳拉的《泰坦尼克号》事件中,仅仅一个人在笑,而附近的人认为这个行为既不恰当又很扰人。

我的愿望是在读完本书后,你将会用不同的眼光来看待幽默——不再以笑话的观点,而将它视为一种心理应对的机制。而这正是以上三件个案研究的共同点。接下来我们将探讨,为何幽默虽然通过许多不同的形态呈现,却不能简化成单一规则或公式,我们反而必须将它看成解决冲突的过程。有时冲突源自内部,如劳拉看电影时失控;有时则来自社会,如戈特弗里德的笑话。更有一些时候像卡盖拉的孩童,冲突来自两者糅合的结果;这是唯一能处理充满动荡生活的办法。

幽默是什么?

对很多人来说,幽默和好笑意思相同。信手拈来一则笑话或能逗我们笑的人，大家觉得他幽默。而具有幽默感则代表，能快速辨识笑点或是分享娱乐大家的小故事。但是，细细推敲后可知，幽默并非总是如此直观。举例来说，为什么有些笑话会让某些人笑掉大牙，却大大冒犯另一些人呢？为什么坏蛋征服世界时会大笑，而小孩子被搔痒时也大笑呢？为什么（改写梅尔·布鲁克斯的话）我掉进水沟里很搞笑，换作是你掉进去就变成悲剧了呢？

以《奇爱博士》为例，这部电影被美国电影学会评为有史以来最棒的喜剧之一。影片中士兵中弹、男人自杀，整个世界遭核战终极毁灭。但是大家都觉得它幽默，因为所有的死亡与毁灭都意图讽刺。这部影片几乎完全没有传统笑话，但片中所描绘各式无关紧要、徒劳罔然的种种逗我们笑，是因为我们没有其他方法来回应了。

在对的情境下，几乎任何事情都能令我们笑；因此幽默应该看成是过程，而不是一种视角或行为。它来自我们大脑中情感与思想的交战；我们只能通过辨识是什么东西挑起冲突，才能理解这场对战。要理解个中道理，让我们回头看本章开头的三则情境。

在第一则情境——卡盖拉的爆发中，我们发现了幽默的一个重要特点：让人发笑的事不见得都好笑。受波及的孩童，表面上看起来在笑，却承受极大压力，而且急欲停下来。有一种解释是，他们经历了大规模的社会变迁，所以有集体性歇斯底里。前一年的12月该国自英国独立，而学校本身也才刚取消种族隔离政策，将处于强烈文化敏感时期的学生集合在一起，加上此时学生都处于青少年时期，许多人刚进入发育期，随之而来的压力着实相当巨大。

但这没有解释：为什么是**笑**？历史上充斥着社会与文化的变迁，但像这样的传染病相当罕见；一旦它们真的发生，产生的行为通常很复杂。举例来说，16世纪的欧洲，很多修女一度爆发出自发性的抽搐症状，同时模仿当地动物的叫声，有数十座女修道院被波及。其中一座的修女不可抑制地像小猫一般喵喵叫；而另一座的则是像狗吠。在西班牙桑德一座女修道院的修女则是像羊一样咩咩叫。科学家也同意这些爆发是压力带来的。确切地说，是严厉的教义灌输与被广为议论的巫术所带来的压力。修女们深受灵魂附体的概念所恫吓，她们采取的正是一直以来被告诫应避免的行为。

简单地说，卡盖拉的孩童纯粹是经历了一场大崩溃。她们被要求同时生活在两种世界里：既不是英国也不是非洲，不是黑人也不是白人，甚至称不上大人也算不上小孩，而是以上各种条件的大杂烩。这使她们无法妥善应对。不过笑并不是崩溃，在地上抽搐同时像小猫喵喵叫才是崩溃；笑是完全不一样的东西。它是一种应对机制、一种处理冲突的方式。有时候冲突以笑话的形态出现，而有时候状况会比上述情况更繁复。

让我们来谈谈康翠丝塔的故事，她是受爆发事件波及的孩童之一。一个十来岁的孩子，她也曾经在瘟疫盛行时屈服于大笑症。之后问她有关当时大笑症的状况时，她宣称受袭击的人，主要是"不自由"的女孩。当记者问她是否感觉自由，康翠丝塔不假思索地给了答案。

"当你长那么大了还跟爸妈住一起，没有人是真正自由的。"

康翠丝塔的故事揭露了大脑深陷冲突的处境。在爆发当时，她已和附近的一个男孩交往了一段时间，但正如大部分青春期的女孩一般，她被禁止与异性同伴独处。正常来说，健全的约会过程应该能让这段关系在严密监控下开花，但西方价值观改变了一切。新、旧教的教堂开始撒钱给参与他们宗教聚会的村民，带来性与婚姻的新规则。宗族解体，年轻、正值青春期的女孩寻找可能对象的既存结构也不复存在。康翠丝塔当时不自由，是因为她再也无法知道自己是谁。她的大脑处于一种转换的状态下。

康翠丝塔的故事在卡盖拉的孩童中相当典型，但她对疾病爆发的解释比较不符合科学。她说在爆发之前村子曾毛毛虫肆虐，它们大多生长在附近的田野。单只毛毛虫虽然没有害处，但历史记录中，毛毛虫曾经在晚冬及早春成群出现，它们能在数日之内摧毁所有作物，所以是非常不受欢迎的。孩子们被告诫不许踏入田野，以免激怒这群访客。根据传说，那些犯了大笑症的人就是忽视指示、穿越田野，杀害一些毛毛虫而激怒了它们的灵魂。大笑症就是那些灵魂的报复。

没人想过要问康翠丝塔是不是违背戒条穿越田野的孩子之一，或将这起疫情爆发与毛毛虫的另一种面向联想起来，为疾病所苦的孩子们与毛毛虫的蜕变一样，都经历重大的转变。幼虫刚生下来时，以叶片和青草为食，拥有一股能在短短几天内将整片作物夷平的破坏力量。但结蛹后的茧里面是莎草黏虫的成蛾，等待破茧而出，飞向数百里外的遥远土地。

在第二则笑话情境中，戈特弗里德向已经对冒犯性题材怀有戒心的观众，说了世界上最猥亵的笑话，但他成功了。这是因为他的笑话包含一个敏感而细腻的概念、一个使他获观众喜爱的概念，那就是讲猥亵笑话不是想冒犯他人，而是在当下用来质问所谓被冒犯的意义到底是什么。猥亵式幽默挑战众人接受的常规，而猥亵不但不是**扣分**因素，反而正**因为**它很猥亵才逗我们笑。

幽默这码子事，尤其是冒犯式幽默，对其理解是非常见仁见智的。大家对于受冒犯这档事能接受的门槛都不一样；一旦跨越门槛，大家回应的差异也很大。但还是要说，戈特弗里德厚脸皮地采取正面迎击，逗笑当时强势的敏感神经，仍然令人印象深刻。假如他只是让听众冷静下来，他可能会被嘘下台；假如他变本加厉说出笑话范围以外的下流粗鄙话，观众的反应甚至会更糟糕。幽默提供给他一个工具，而他用得出神入化。

戈特弗里德的笑话也揭露了幽默联结了心理与社会的本质。有句老话这么说：如果你想给出一个重点，那就说故事；但如果想同时点出好几个重点，你需要用上幽默。最顶尖的幽默从来就不只包含一个信息而已。幽默作家说出来的只是一小部分，而其他剩下的都没有说出口。戈特弗里德说**贵族**笑话时，不是在颂扬笑话中的乖戾，而是希望大家知道他在说笑之余，对近期"9·11"受难者仍保持尊重；而唯一兼顾两者的办法，就是让他的观众也陷在同样的挑战里挣扎。需要让观众感觉到，尽管是最粗鄙的文字，也无法实际伤害到任何人。

就连动物也会使用幽默宣泄紧张情境。举例来说，当黑猩猩表达友善互动时，会露齿大笑，尤其在遇见陌生人要形成新的社会联结时。狗、企鹅，甚至是老鼠都曾显示会在打闹游戏中，发出开怀的咯咯笑。例如一份由斯波坎市区域动物保护服务成员所做的研究中，他们录下收容所的狗在游戏时发出的低吠声，那些声音诡异得像极了在笑。当同样声音通过扩音器在收容所里放送时，这些狗不只变得较为放松，也比较爱玩乐。它们摇着尾巴，表现得像在喜剧俱乐部里放松心灵，而不像困于狗笼中。

我们与其他物种的相似之处亦不只是笑，有些动物甚至有令人好气又好笑的幽默感。一个贴切的例子是只名叫华秀的黑猩猩，它是最早学习美国手语的几只动物之一，由灵长类研究员兼领养者罗杰·福茨带大。根据一份经常重复的记录，有一天华秀坐在福茨的肩膀上，突然间无预警地尿尿了。福茨当然有些不悦，任何人遇到这种情况应该都不会开心。但当他抬起头，看见华秀好像在试着对他说些什么，原来华秀正打着"好好笑"的手语，这个玩笑显然是开在福茨身上的。

在第三则情境中我们问道，为什么劳拉会在《泰坦尼克号》的最后几幕时说了笑话。虽然能去问问她本人，但心理学告诉我们，这么做得到的答案并不可靠。因为劳拉知道的可能一点也不比我们多。我们只能仔细看她的行动，才能把我们带往"呦，阿德里安！"这个结果。

大家常认为幽默包含笑话，甚至连戈特弗里德那种猥亵笑话也算，但这件事是完完全全不同的情况。被几十个泫然欲泣的人团团包围的劳拉却在笑，而且没有人觉得她当时的行动是恰当的。事实上有好几个人，包括她的婆婆，嘘她要她闭嘴；要是我们看的是喜剧，这种事就绝对不会发生。当时大家期待的不是笑，也根本没有笑点——只有羞愧得想钻进地洞的太太和一群恼怒的电影爱好者。

美国电影学会将这句"呦，阿德里安！"名列电影史上最具影响力的经典台词之一，并不是因为这句话有多么深奥或含义丰富；相反地，这只是从我们嘴里说出的只字片语而已。《洛奇》系列电影刚上映时，大家都在模仿史泰龙吞吞吐吐地讲"呦，阿德里安！"这句台词甚至在续集中再现，每次都是用来描绘洛奇对他的爱人所说的、一句诚挚且不带情感的呼唤。这并非在说它是一句简单或无意义的台词；恰好相反，这是神来之笔。当洛奇挨过与劲敌克里德的战斗后，他对阿德里安的呼唤将整出剧推向动人的高潮。将这个画面用短促、俚语般的语句切分，正是人生真实的面貌，不带愁思却难以忽视。

我无法说出劳拉的感觉是什么，但很清楚地，她没有因为莱昂纳多饰演的角色死亡而感动。我的猜测是，她的大脑需要一个途径来解决冲突，而这个冲突来自眼前银幕上演的死亡悲剧与她内在情绪有着巨大的反差所造成。劳拉后来告诉我："我才刚看到所有人都在哭,可是说不出是什么原因,我想象着史泰龙、我是说洛奇也在水里,思恋着阿德里安。"还说:"我心里问着,**洛奇会说些什么呢?** 当时我完全无法不去想它。我想哭、真的想哭,但我就是非常希望洛奇也在那里。"

从劳拉的反应中,我们看到支配幽默另一个重要的心理学原则,那就是不论我们身处何地,都会对幽默情境有反应,我们也都曾经在只有自己觉得有趣的情境中笑过。劳拉是电影院中唯一在笑的人,因为只有她觉得此刻过度铺张的伤感很好笑,她的大脑正挣扎着解决自己内心与银幕上正发生的事完全相反的情绪:一方面,她看着数百个人,包括男主角悲剧性地溺毙了,而感到悲伤;另一方面,她却因导演詹姆斯·卡梅隆处理情绪高潮的一贯手法,如他先前的作品《异形》《魔鬼终结者》等,采取一波接着一波的情绪怒潮而发笑。对任何人来说,要能同时处理两个相冲突的情绪,都不是件简单的事。

这三个关于笑的个案研究,似乎不论哪一个都离传统幽默的概念愈来愈远。确实如此,幽默不只是好笑而已,而是关乎我们如何处理复杂还有矛盾的信息。它帮助我们解决困惑的情感,甚至可以在我们倍感压力的时候,将人与人之间联结起来。笑,纯粹是我们梳理细节时发生的事而已。

欢愉:捉摸不定的概念

想象现在是 20 世纪中叶,刚才你自愿参与某个幽默的研究。研究员要你看一连串的手绘漫画。他还说:自然表现就好,只有当你想笑的感觉袭来时才笑。

第一幅漫画描绘一个男人漫不经心地耙叶子,旁边是位上围可观的女人被绑在树上。没有任何解释,只有一个女人看似怒气冲冲,而男人却状似开心、正体验着没有伴侣干扰的户外活动。第二幅漫画出现了一个男人和一只猩猩正走进一家宠物店,旁边的标语写着"宠物买卖"。到了第二格,这只猩猩走出宠物店,手里还握着一沓钱。第三幅漫画取自《纽约客》,描绘两个滑雪的人,其中一个面向山上,另一个面向山下。面向山下滑雪的人背后是一组从树周围绕过的痕迹,只不过左边滑雪板的路径绕过树的左边,而另一边滑雪板的路径则绕过树的右边。而面向山上滑雪的人满腹疑问地向上看着。

这几幅漫画中没有一个特别好笑,但你对第二个有猩猩的那幅,还有最后一个有滑雪者的这幅,略略笑了起来。这时你发现研究员正写个不停;然后当测验完成时,你问他自己做得如何。他说:你表现出焦虑的征兆。为什么啊?他回答说:第一幅主题是女人被绑着的漫画,是个"敏感刺激"。焦虑的人和精神分裂患者容易受到不自主的拘束念头干扰,因此不会对第一幅笑;而正常人会觉得趣味,是因为他们认为这个暴力倒是其次,而那男人却用一种不寻常而且潜藏幽默的方式,享受着阳光普照的一天。研究员继续跟你说:另外两幅有猩猩跟滑雪者的漫画并不会特别煽动情绪,所以你会觉得它们的趣味反倒耐人寻味。正常人所要求的幽默,向来会使他们感到一点点不舒服;而这些漫画应该无法满足这个需求。

不过别担心,他补了这句,这只是一个评估。

你刚才接受的叫欢愉反应测验,是 20 世纪中期发展的幽默工具,一度受欢迎到在《生活杂志》开过专栏。它的基础是弗洛伊德的理论,即幽默是我们解决内在冲突与焦虑的方法。根据弗洛伊德的说法,我们总是渴望食物与性这类事物;同时,焦虑却阻止我们执行这些欲望,这便形成内在冲突。而幽默借让这些禁忌的冲动尝点甜头，使我们得以舒缓内在的紧张。换句话说，它允许我们以先前禁忌的方式来表达自己。这就是为什么成功的笑话，至少必须有一点点煽动情绪的性质。焦虑要是太多，我们会收住笑；太少，我们不会笑，因为幽默系统根本还没轧进去。最好笑的东西是恰好在中间的那些。而为精神分裂症及高度焦虑所苦的人，由于本身所处的生活中已有足够的压力，一般来说只喜欢较和缓的漫画；而其他人则都比较喜欢偏向中等程度的漫画。

虽然现在几乎没有科学家把弗洛伊德当一回事，大部分的人还是认可他的理论至少说对了一件事，成功的笑话可以触动我们的身心，无法让我们有一丝不自在的笑话并不会太成功。而正是这种让人想笑却又不确定该不该笑的冲突，才使这笑话令人满意。

有些事物迫使我们整合互不相容的目标或概念，而这会令我们笑。这些让我们感到困惑、怀疑及尴尬反应的事物，其形式却变化很大。举例来说，除了谜语、双关、讥讽、机智、讽刺、闹剧与黑色幽默等还有更多。阿萨·伯杰（Asa Berger）是一位卓越的幽默研究员，也是超过 60 本关于漫画产业与巴厘岛旅游等主题著作的作者。他发现有多达 44 种独立的幽默类型。这数字大到无法个别处理，于是他便将这些幽默分成四个大类别：分别以语言、逻辑、行动、身份为基础。例如，闹剧就是一种行动的幽默形式，讽刺漫画则关注身份。

之后会有几章深入探讨这些幽默类型的其中几种，但我们暂且专注于闹剧这个例子上。闹剧夹带了夸张的暴力，常出现不合常理的事故和碰撞。在其他情况下，这样的暴力会很吓人，但在闹剧中带来了幽默。为什么呢？因为当三个臭皮匠用球棒互砸时，他们用的是夸张的动作，而且理解这样的暴力并不想让人受伤或打到残废。这还是暴力没错，却是无害的暴力，就是这种错综复杂的矛盾情结令人笑的。如果这样的暴力来真的,就不会好笑;这也是为什么你开车冲撞陌生人是重罪的缘故。但如果你对穿着公鸡装的诺克斯威尔做同样的事的话,就会让你红上电视。

尽管有如此多样的变化,幽默对心理产生的效应对于每个人是一样的,都是化学物质涌进大脑,使我们喜悦及欢笑或两者兼备。虽然很多人以为大脑像台电机,但这其实是错误的观念。单一神经元的细胞内依赖电极化,但神经元之间的联结则几乎都是化学性传达;这也是某些药物之所以对我们思考有强大作用的原因。这些药物的组成成分,与我们大脑用来传递信息的物质是相同的。

多巴胺是和幽默关联最紧密的神经传导物质,常被视为大脑中的"奖励化学物质"。这是为什么它和动机性学习、记忆甚至是专注力都有关联的缘故。食物和性也会刺激大脑增加分泌可使用的多巴胺,缺乏多巴胺则会削弱动机。可卡因也会增加大脑中多巴胺的可使用量,所以它的成瘾性才会这么高。经历初次快感之后,用药者会急切地想要更多。巧克力大抵来说也是同一回事,只是没那么强烈而已。

我们知道多巴胺对幽默很重要,是因为我们能在人们读笑话时,看他们的大脑发生什么事。这就是神经科学家迪安·莫布斯(Dean Mobbs)在斯坦福精神病理神经显影实验室所做的事。明确地说,他给受试者看一些漫画,同时用核磁共振仪(一般称之为 MRI)监测他们。84 幅漫画中,选出一半特别好笑的,而另外一半则移除好笑的部分(参见图 1.1)。他的目的是想看,大脑的哪些部位在好笑的测试中会变活跃,而不好笑的则不会。

莫布斯发现,所有的漫画都会让受试者的大脑变得高度活跃;但有一小部分脑区只对好笑的有回应,这些脑区为腹侧被盖区、伏隔核及杏仁核。这些脑区的共通处是什么呢?它们是科学家称为多

图 1.1 受 MRI 监测的受试者所看的其中一幅漫画。"好笑"的版本维持原样给他们看,而"不好笑"的版本则是将外星人搬走,男人对自己的幻觉说这则评论。只有好笑的版本使大脑的多巴胺中心活跃起来

巴胺奖励回路的关键组成部分,这个回路负责将多巴胺分配到大脑各处。对不好笑的笑话,我们的反应不只是笑不出来,也错失了喜悦,这喜悦便是以多巴胺的形式而来的。

多巴胺奖励回路是大脑中最受误解的区域之一,部分原因来自于它做的事非常多。它对于情绪和记忆都很重要,而且一直以来被认为与经典条件反射、侵略性行为及社交焦虑有关联。而它之所以重要,是因为奖励即是大脑让自己运转的方式。我们常以为奖励是别人给我们的,而不觉得是自己给自己的东西;而大脑并不是以前者的模式运作。为了让我们一直持续做出好的决定,大脑总是在给**自己**奖励。因此情绪对于决策成功与否非常关键。多巴胺就是让大脑政府得以运作的流通货币。

我们值得花点时间来认识一个重要的真相:幽默直接从大脑的愉悦制造系统汲取愉悦感。为了探讨这个假说,我们来比较两个迴

异的研究。第一个是在加拿大蒙特利尔的麦吉尔大学做的实验。实验中让十位音乐家聆听几段乐曲,而这些乐曲经过鉴定,可以让人情绪感动、引起冷战,并伴随强烈的欣悦感。这里所说的冷战,指的是一种尾椎处微微颤动的感觉。在实验开始前才分别选一首这样的乐曲给每一位音乐家听。然后,研究员在音乐家听乐曲时,鉴定他们大脑中负责这种感觉的脑区。结果是哪里呢?不用惊讶,就是杏仁核、多巴胺奖励回路的腹侧纹状体,还有与它们连接的首要区域,也就是腹内侧前额叶皮质。

第二个研究一样是监测受试者的大脑,但这次实验者给他们看的是英国电视节目,由艾金森主演的《憨豆先生》。这一系列影集主打艾金森的肢体笑料,当他处理日常生活中大小麻烦事时,常带着孩子般的疑惑,这系列作品独具一格,特色是几乎没有对白。基于这个特点,实验中让受试者观看好笑跟不好笑配对的撷取片段,两者的差异只有内含的幽默程度。一半的影片取自节目中最好笑的片段,而另一半则完全没有任何幽默的元素。实验者并指示受试者,就算觉得不好笑时也要模仿着笑一下。

结果在大脑中,看到好笑部分时表现最活跃、而看到不好笑时就不活跃的区域,就是多巴胺奖励回路的主要目标区,腹内侧皮质,那也是负责区别真笑和假笑的区域。这和我们聆听塞缪尔·巴伯(Samuel Barber)的《弦乐柔板》时,让有些人明显打冷战的是同一块区域。

从这些发现中,你可能开始怀疑多巴胺该不会是大脑中最重要的化学物质之一?你想得没错。科学家甚至提出多巴胺心理假说,内容提到我们对多巴胺依赖的提升,能帮助解释人类从低级人猿祖先脱离的演化历程。根据这个理论,大约两百万年前能人(*Homo habilis*)开始食肉,大脑里的化学物质就开始改变,多巴胺的制造急速飙升，而依赖这个化学物质的认知及社交处理的事件，如冒险犯难和目的驱策的行为也随之增加。简而言之，多巴胺使我们成为现在的样子——不论生理或智能上都是刺激的追寻者，总是展望着新方法来增益自己的生活或让自己开怀大笑。

也有证据指出多巴胺对于动物的幽默相当关键；最有名的当属西北大学杰弗里·伯格多夫（Jeffrey Burgdorf）的研究，他不只学会如何替老鼠搔痒，还会架设录音设备来听它们的笑声。他可以很清楚地录到，轻搔老鼠的肚皮时所发出约50赫兹的高频率尖叫；这早已超过人耳能听见的范围，但对它的老鼠同伴来说却听得很清楚。伯格多夫展示了老鼠对搔痒的反应和人类一样，都会预期搔痒指头即将到来。有时候甚至连碰都还没碰到，就开始笑了。但宠爱地轻轻触摸老鼠就不会诱发笑的反应，拥抱也不会。伯格多夫进一步阐述，年纪较大的老鼠对搔痒的反应比年轻的少，这也跟人类一样；还有被同伴孤立而导致寂寞的年轻老鼠，是所有之中最会笑的。

但更重要的是，伯格多夫指出，不只有搔痒能逗他的老鼠笑，将电极插入它们的多巴胺生产中心，也会达到相同的效果。他甚至训练老鼠按横杆来刺激自己的大脑；按了横杆后电流会送到多巴胺中心，使它们就算没被搔痒也会笑。直接注射多巴胺促进剂到老鼠大脑，也有类似的效果。

很明显地，老鼠和人类的差别并没有那么大，这暗示笑这个行为可能由来已久。或许笑这件事发展成帮助像我太太一样处境的女人处理过度的情感，或成为像康翠丝塔一样的女孩对政治和社会动荡所做的反应。对戈特弗里德来说，幽默甚至帮了他一把，解除他被敏感的听众嘘下台的窘境。既然我们都已不再从彼此的皮毛里互抓跳蚤，或用棒子互揍来解决疑惑，我们的幽默也像人类进化一样有所演进。而这个演化的过程，倒是经历了一些峰回路转。

世界上最好笑的笑话

据说世界上只有五个笑话。我怀疑这个传说之所以能存在下去，是因为没人认真去找是哪几个笑话。但这样的说法包含着真理。纵使物换星移，幽默还是恒久不变，这也是为什么我们仍然能欣赏许多追溯回罗马时代的老笑话，一则流传超过两千年的玩笑话这么说道："一位喋喋不休的理发师有天问他的客人，该怎样帮他剪头发？"结果客人回答："安安静静地剪。"传统的笑话就算没有死去，可能也相当罕见了。理解幽默最好的方式，并不是通过简短笑话，而是要用概念和感情产生冲突的观点来看。话虽如此，分析笑话还是很有用，毕竟也没什么更好的方法来了解幽默如何对我们产生不一样的影响。幽默尽管有许多形式，但还是有些普遍性。说到辨识不同的幽默类型，除了通过笑话的形式实地看它运作，还有什么更好的办法呢？

或许企图将幽默分门别类最成功的例子，有着最不好笑的名字：3WD 幽默测验，其中 WD 是德文 *Witz Dimensionen*，也就是"笑话向度"的意思，由德国研究员维利巴尔德·鲁赫（Willibald Ruch）所研发。他问受试者一连串关于笑话跟漫画的问题，并根据这些判断将他们的幽默偏好分为三种类型。第一种类型叫失谐解困幽默，其典型特色是用新颖的方式违背预期结果，伴随产生惊喜或宽慰的笑点。第二种称为无厘头幽默，它好笑的点就只是因为完全没有道理可言。第三种是性幽默，这种幽默经常会冒犯人，或者有可能是禁忌话题。尽管笑话的内容千变万化，鲁赫指出笑话逗我们笑的方式，大体而言都会落入这三大类的其中一种；而最受欢迎的笑话往往每一大类都沾上一些边。

另一种研究方法是让受试者将叙述语句排序成几大类,排序评等的标准是根据其内容描述与我们的幽默品位有多切合来决定。这种称为幽默行为分类量表的测验技术,由一百张印着叙述语句的卡片组成,从简单的(例如"是嘲讽的")到复杂的(例如"对于个人的感情,只有在很艰难的状况下才笑得出来")都有。受试者依照个人对叙述语句的切合度,将这些卡片分成九叠,其幽默感便能以社会性、拘束性、残忍性等方式评估出来。许多使用本测验的研究显示,美国人的幽默品位倾向于社会温暖和反思性的,而英国人的幽默则较趋向生气蓬勃还有搞笑式的笨拙。

不过想要测量幽默,便很难不考虑受试者的心理背景,因为我们无从看出他们冲突的所在,我们只好做最有可能的猜测。虽然这么做出来结果可能有用,但也有它棘手的地方。或许正因如此,科学家理查德·怀斯曼(Richard Wiseman)决定不再让受试者全然描述笑话的特征,而只是单纯地问他们一个问题:"这笑话好笑吗?"他不问他们为什么,也不用请他们来实验室一趟,而是在英国科学促进协会的帮助下,开启一个网站。一年间得到150万个回应后,他终于找到世界上最好笑的笑话了。

怀斯曼是位于伦敦北边赫特福德大学的心理学家。他写了四本书,公认是英国最具影响力的科学家之一。虽然他没受过幽默研究的专业训练,但是在探索一些不寻常主题方面有许多经验,如欺诈、超自然现象、自助等。他也名列吉尼斯世界纪录,获选为有史以来最大的科学实验之一的领导研究员。

他的研究计划叫作笑笑实验室,用一个简单的问题当开场:是什么让笑话好笑?为了研究这个问题,他请人回答几个关于自己的简短问题,然后为随机选出的笑话范例的好笑程度评等,评等标准是用一到五分的"咯咯笑度量计"表示。由于希望维持笑话能如源头活水般进来，网站上还加了一区让人上传自己最爱的笑话。多亏一些免费的宣传以及国际上广泛的兴趣，数百万人次涌入他的网站。总计，怀斯曼收到超过四万则笑话，但其中有许多必须被排除，因为实在低俗到不适合与更多人分享。怀斯曼纳入一些他自己不认为特别好笑的笑话，以免他意外错失幽默的点。例如这个笑话：什么东西是棕褐色又黏黏的？超过三百人次上传一根木棍这个答案，而怀斯曼保留了这则，因为他认为这么一大群人肯定是知道一些他不明白的事。

这个实验除了告诉他什么是大众认为最有趣的笑话之外，还带来了庞大的信息，而这些资料可以用来做特别的分析。举例来说，怀斯曼发现，最好笑的笑话长度是 103 个字。这个详细的数字并不特别；只是说，一定会有某个笑话的长度刚好是评等高峰，而这个高峰恰好是 103 个字。另外，由于许多笑话都涉及动物，他也能找出最好笑的动物是谁。有趣的是，鸭子登上第一名宝座。怀斯曼沉思着，也许是它的脚有蹼吧！话说回来，如果说笑话的人有机会决定笑话的主角大位是要给一匹会说话的马还是给一只会说话的鸭子，那答案就很明显了。此外，一天之中最好笑的时间是：傍晚 6 点 03 分。而最好笑的日子是：每个月的 15 号。从怀斯曼实验的数据可获得永无止境的新发现。

最有趣的发现之一，是关于幽默在国籍间的差异。德国人觉得每个笑话都好笑；斯堪的纳维亚人评等偏向中庸，而且还有在上传留言的结尾加上"哈哈"字样的不幸趋势，似乎要向读者再三确认他们刚才看了一则笑话。美国人倒是对含有侮辱或模糊威胁的笑话展现独特喜好。

这则笑话特别受美国人喜欢，但其他国家喜欢的人就比较少：

得州人："你从哪里来的啊？"

哈佛毕业生："我从一个大家都不把介词放在句尾的地方来的。"

得州人："好吧！你从哪里来的啊，你这蠢货？"①

再来是欧洲人，他们喜好荒谬或荒诞的笑话。这里有两个例子：

一位病人说："医生啊！我昨晚说溜了嘴。当时我正和岳母在吃晚餐，我是想说：'麻烦您能帮我递上奶油吗？'但我居然说出：'你这蠢妇，简直把我的人生给全毁了！'"

有只德国牧羊犬到电报局去，拿了张空白表格，写下："汪、汪、汪、汪、汪、汪、汪、汪、汪。"

柜台检查了这张纸并且很有礼貌地告诉这只狗："这里只有九个字。你还可以再发送一个'汪'，不加钱喔！"

"可是，"这只狗这么回答，"这样一来，整句话就读不通了啊！"

英国人偏好荒谬式的幽默，不同实验的成果也支持这点。由幽默感问卷可以发现，英国人一致偏好面无表情的死鱼脸或是不恭敬的幽默，就好像美国人喜欢嘲笑和戏弄一般。如果一个国家给你这样的趣味短句，你还能期待些什么：妈咪，你会怎么叫一个少年犯？给我闭嘴，把那支撬棍拿来！

---

① 原文为：Texan: "Where are you from?"
Harvard Graduate: "I come from a place where we do not end sentences with prepositions.
Texan: "Okay—Where are you from, jackass?"

第一章 可卡因、巧克力与憨豆先生

怀斯曼也发现幽默在性别间差异极大。造访他网站的女性，区别于男性之处不在她们最喜欢的笑话，而是评等最低的笑话。例如说，虽然男性回应者一致给予泼冷水式幽默高度评价，女性却鲜少同意，尤其笑话中嘲讽的目标也是女人的时候。我们会在后面讨论这个议题，但是现在，基于科学上的兴趣，我们来看看这个超过半数男性喜欢，但只有15%的女性给正评的笑话吧：

>一个男人在高速公路上驾驶，被警察给拦下。警察问："你知道你的太太和小孩在一英里前就摔出车外了吗？"男人展露笑颜大呼："感谢老天爷！我还以为耳朵聋了呢！"

后面的章节会探讨，到底是什么让这几则笑话好笑，但现在还是可以做出整体的观察，那就是每一则都很短，长度都还不到"最好笑值"103个字的一半。喜剧作家布伦特·福里斯特（Brent Forrester）将这种对简洁有力的偏好称为幽默与耗时原则，另一种说法就是"愈短愈好"。他甚至给出一个公式：$F=J/T$。F代表好笑程度，取决于笑话的品质 J，和说这笑话要花的时间 T。最棒的笑话总是相当精实；没有赘肉，没有赘字。

怀斯曼的研究也有它的缺陷。例如说，只有懂英文的人能参加，而且最好笑的笑话不见得每次都成功（这不只是我的意见，也是怀斯曼的看法）。这是因为避免走极端的笑话，也就是"打安全牌"的笑话往往获得最高票，使整体不幸地趋于平庸。但这并不让人惊讶，因为我们已经知道幽默本质上具有对抗性；有时候是认知上的，有时候是情绪上的，有时候两者兼具。因为大家喜欢受到笑话刺激的程度不一，最受欢迎的那些笑话会偏向但仍低于最典型的"笑点激发最低值"。太高的话，一些人会笑翻，但另一些人完全不笑；太低的话，就没人会惊艳。

好在怀斯曼对最终的赢家很满意，只因它以些微差距挤下第二名的对手。其实，得第二名的也不是个烂笑话，只是它并不真的那么好，而且大部分的人已经听过太多次了（它的笑点是"华生，你这个傻瓜，这代表有人偷了我们的帐篷。"提供这句，万一你想去查来看的话）。怀斯曼不时在观众面前讲这两则笑话，因为电视上或会议中经常出现他的研究。然而，大部分的情况下两则笑话都得不到笑声。其中一个问题当然是笑话本身，但另一个是表达问题；就像大部分研究幽默的人一样，怀斯曼没有接受过喜剧的训练，而他自己也坦承不太会说笑话。这又是另一个幽默研究的大议题，我们在第七章会特别关注。

那赢家到底是谁呢？别怪我没提醒过你。

两名从新泽西来的猎人在森林中，其中一位突然不支倒地。他好像没了呼吸，两眼呆滞、失神地望向远方。另一个老兄匆忙掏出手机，打给急救服务。他喘着气说："我想我朋友死了！我该怎么办？"接线生说："先冷静下来，我会帮你。首先，确定他是真的死了。"片刻沉默后是砰的一声枪响。那老兄再次接起电话，说："好了，那现在呢？"

第二章

发现的刺激快感

奖赏就是把事情找出来的喜悦，一种发现的刺激快感。

——理查德·费曼（Richard Feynman）

为了让大家了解"发现"在幽默中所扮演的角色有多重要，让我们来看看 2008 年在西北大学进行的实验。有别于我们先前介绍的研究，这个实验看似与幽默毫无关系。在这个实验中，科学家要受试者去解一些困难到出了名的题目。事实上，这些题目难到无法用分析方式来寻找解答。若是要想解这些难题，就需要靠**顿悟**来帮忙。顿悟是当我们想解一个问题却毫无头绪时，脑袋突然灵光一闪，答案就这么蹦了出来。但是这些答案究竟是如何闪现在脑海里的，没有明显的线索可以追寻。

西北大学这次实验的特别之处还包括将一个好几吨重的巨大磁铁，环绕在执行实验时的受试者头部。这颗磁铁能改变受试者大脑里质子的自旋，使科学家能判断哪些部位最为活跃。

这台机器是核磁共振仪（MRI），它能使科学家观察受试者在执行实验时大脑活动的情形。实验进行时，三个字词会同时呈现给受试者。虽然这三个词彼此并没有关系，但每一个词都和另一个没出现的词有紧密的关联，而受试者的任务就是要猜出这第四个词是什么。当受试者一有答案，就按下按钮；在下一组的三个字词出现前，他们有 15 秒的时间找出这一题的答案。我们来看几个例子，让大家试试看：

牙齿
马铃薯
心脏

显然地，这任务不简单。对大多数人而言，看到"牙齿"后心中第一个浮现的词是"痛"，这配得上"心脏"却跟"马铃薯"不合。大多数人由"马铃薯"联想的第一个词是"削皮"，但和另外两个字都不合。你能看得出来，为什么这叫考验洞见的问题。暴力分析在这里并不管用。我们再看另一个例子：

潜水
法律
生意

这一次放松你的心灵。就算是感觉答案呼之欲出了，也别让你的大脑滑向分析的思考模式。忽略任何你可能察觉到"法律"和"生意"之间的相似处，这会使你和解答渐行渐远。唯一能想到答案的办法就是让你的大脑放空。这里还有最后一个例子：

农家

瑞士

蛋糕

　　最后的三词组合比较简单，希望你能想到"乳酪"① 这个答案；就好像你可能也想到第一题的答案是"甜"②，第二题则是"套装"③。这些题目称为远距语意联想，它们难得出名。事实上，这些题目困难到在某个数百名受试者参与的研究中，不到 20% 的人能在 15 秒内解出前两题其中的一题。当答题的时间变成 30 秒，则大部分的人想得到第二题的答案。而答案是"乳酪"的最后一题（约 150 题原始题目中最简单的一题），受试者的解题率高达 96%，大部分的人只花两秒甚至更少时间。

　　人的顿悟是个奇妙的东西，而且我们马上就会看到它对于幽默的重要性。顿悟和幽默之间的某些关联，我们可能早就看出了一些端倪，好比说它两者都与喜悦紧密联结。我们很享受想出答案的感觉，无论问题的形式是一串妙语或是像上面几则顿悟的题目。这正是物理学家费曼所描述的"发现的刺激感"的意思了。他声称自己最大的奖励不是获得诺贝尔奖，而是拥有一个可以从中发现新事物的工作。我们从解决问题中获得骄傲和快乐，因为我们的大脑本能地渴求对事物提出解释。根据伯克利心理学家艾利森·高普尼克 (Alison Gopnik) 表示，这股试图理解的欲望就像是我们对性的欲望

---

① "农家"原文为 cottage，cottage cheese 是卡达起司或称农家乳酪。"瑞士"原文为 Swiss，Swiss cheese 是瑞士硬干酪。
② "牙齿"原文为 tooth，sweet tooth 为嗜食甜点的人。"马铃薯"原文为 potato，sweet potato 为红薯。"心脏"原文为 heart，sweetheart 为甜心宝贝。
③ "潜水"原文为 wet，wet suit 为潜水衣。"法律"原文为 law，lawsuit 或 suit 为诉讼案件；此为中英文间的差异，"法律"与"套装"这个答案，其实没有太大关系。"生意"原文为 business，business suit 为成套西装。

一样基本。她说:"解释之于认知,就好像高潮之于繁殖。"光思考而不去理解是无法令人满足的,就像性爱没达到……嗯,你知道的。

以一个由德国维尔茨堡大学心理学家萨沙·托波林斯基(Sascha Toplolinski)所做的实验为例。托波林斯基向他的受试者展示与我们先前例子类似的三词组合,不同的是,他在原本的词组中掺杂了一些根本没有答案的词组。(举例来说,"梦""球""书"——试试看,祝你好运!)不过他没有使用 MRI 来侦测受试者大脑,而是仔细地观察他们的脸部肌肉,寻找可能指示他们思考历程的反应。在没有告知他的受试者某些词组有共通关联词的情况下,他发现有单一共通词的三词组合会引发受试者非常有趣的反应。确切地说,当受试者读到那些有共通词的词组时,负责微笑和大笑的肌肉(颧大肌)会收缩,而负责皱眉的肌肉(皱眉肌)会放松。换句话说,尽管受试者认为自己只是在读一些不相关的词,甚至没有去试着想答案,他们的反应就像是刚听完笑话一样。他们体验到喜悦。

也许因为如此,做了本章一开始所描述的实验的西北大学科学家卡鲁那·苏布拉马尼亚姆(Karuna Subramaniam),要受试者在实验开始前为自己的心情评等。虽然心情可能很难测量,但科学家已经发展出几套测验,如正负面情绪量表、情境焦虑量表,随时用来确定此刻人们所感受到的正面情绪或焦虑的程度。借由评估她的受试者刚进实验室时的情绪,苏布拉马尼亚姆便能断定心情对他们解决洞见难题的表现是否有任何的影响。结果情绪还真的会影响受试者的表现。心情好的受试者不只比心情差的解决了更多题;他们在解题时还会动用到一个专门负责处理冲突的大脑部位。那个脑域称作前扣带回(ACC)。

在这一章,我们将通过了解大脑如何将歧义和困惑转化成喜悦所通过的三个阶段,来更仔细地分析幽默。过程中我们会看到我们如何运用洞见，既明白笑话又能解决问题。我们也将看到前扣带回这个特殊的大脑区域，如何扮演压制其余心智功能的角色。

三个阶段

诠释我们所在的世界是件需要创意的事。我们天生就是爱做假设的生物，意思是我们并非只是消极地接受我们的环境，而是不断地猜想自己该做或该说什么。有时候这些猜测是错的。错误的猜测倒不是件坏事，反而是件好事，因为侦测错误正是我们大脑得以将冲突转为奖励的方法。奖励会以诱发喜悦的神经传导物质的形式出现，如多巴胺。这些神经传导物质只有在冲突得到解决时才会释放。没有这种冲突，就没办法调控奖励，世间万物便会给予我们等量的愉悦。换句话说，如果每件事都能让人快乐，那么就没有什么事是会真正让人感到快乐的了。

这三个阶段，我称之为**建构**、**推断**、**解决**，不只对幽默，也对复杂思考的所有面向至为关键。我们在解决顿悟问题时，必须想到可能的解答，同时抑制"假警报"以及其他不正确的答案，这个历程可能产生许多冲突，我们的大脑需要步步为营才能突破挑战。让我们一一探究这几个步骤，看看为什么每一步都这么重要。

建构与前扣带回

为什么顿悟问题会这么难？是因为我们脑海中浮现太多词汇，必须逐个检查，好看看三词组合配对合不合理吗？绝对不是。顿悟问题的挑战，在于我们的心智卡死在错误的答案上。我们在思考正确答案时碰到麻烦，因为那些错误的答案在不断干扰我们。

最初我们看到的三词组合"牙齿""马铃薯""心脏"就是个好

例子。对每个词来说,正确解答"甜"并不是大多数人第一个想到的答案,甚至排不上前十名。我们会知道这个排名,是因为有个被科学家称为语意关联的资料库,内含的就是呈现某些触发的字(如"牙齿")给受试者看之后,那些会浮上心头的字词。对三词组合中每一个词来说,"甜"都在语意关联名单上接近垫底。事实上,尽管我已经看过答案好几次了,当我写这个章节时,"痛"这个错误的字词依然持续在心里出现。在这本书还是原始草稿期间,我甚至误以为它是正确解答。真感谢老天世界上有校对员存在。

我把幽默历程的第一阶段叫作"建构",显示我们的大脑在处理环境信息时,是何等活跃。当我们解决问题时,并不只是搜寻记忆中可能的解答,而是让我们的大脑运作产生大量可能的答案;有些有用(**甜**)、有些没用(**痛**)。读笑话时我们也在做一样的事,只不过这个时候误导出现在笑点之前。来看这个笑话:有天早上,穿着我的睡衣,一只大象被我枪毙了。它是怎么套进我的睡衣,我一点也不知道。这是美国喜剧演员格劳乔·马克斯的经典笑话。到底是谁穿着睡衣,全依你读到哪里来决定。

大脑是只复杂的野兽,有视觉、听觉、语言,外加好几个引导我们运动的区域。有些区域在我们做复杂数学题时启动,有些用来储存新记忆,还有一些帮助我们辨识脸孔。大脑唯一比分区专门化还厉害的功能是,它还能做出很多演化永远来不及完全准备好的事。所以,若大脑思考时出些差错,实在不需要惊讶。

想想看你的大脑里有 100 亿到 1000 亿个神经元,这数目大到没有意义,所以我们姑且把它比拟成地球上居住的人数,约 70 亿且还在增长中,这数字接近你大脑容量的估计值下限。再深入对照这两者,想象就在此时此刻,全美国的人决定要尖叫,这可比拟为你大脑里神经活动的状态,而且是在休息的情况下。不在休息的大脑活跃程度可是十倍甚至百倍，那就不只美国人在叫，而是整个亚洲的人也都一起叫了。只要你大脑中有些区域的意见分歧了，要不了多久你脑中的第三次世界大战会开打。

大脑管理这种复杂事务的方法和人类社会一样——建立政府。就像刚刚提到大脑多元的区域，几乎是为了我们做每一件事而特化出来的。虽然没有人确切知道大脑有几个特化的模组，但大概接近世界上政府的数量吧。这些声音必须有个方法来管理，对人类来说，解决的办法是创造像联合国这样的组织。联合国本身不是政府，它没有领土、经济或政治目标，它只是盯着周围的人看，听听抱怨还有压制惹祸精。大脑也有个联合国，它就是前扣带回。

前扣带回位在大脑中央位置附近，恰好是连接两个大脑半球的胼胝体正上方，享地利之便，可以监督大脑的其他部分（参见图2.1）。在它前面的是额叶，是我们主要的推理中心及负责启动动作的区域。后面则是顶叶与颞叶，协助推理、语言与记忆。前扣带回是大脑边缘系统的一部分，与杏仁核、伏隔核、腹侧被盖区紧密连接，前面说过，这些区域是多巴胺奖励回路的关键。

我们之所以知道前扣带回对顿悟特别重要，是因为我们能在受试者解决三词组合等问题前，就先观察大脑活动。当受试者准备解决此类难题时，大脑中大部分的部位变得比较不活跃；但前扣带回不一样，反而变得**更加**活跃，这是因为它不是去想答案，而是去处理冲突。远距语意联想乍看之下不像是个被冲突感而驱使的任务，但事实上它就是。我们已经讨论过，解答很少是大家第一个想到的东西。要想出答案，就必须"忍住"心里其他更强力的反应。觉得问题会有简单答案的大脑部位需要被"禁言"，这样才能听见比较细微的声音。而叫人闭嘴正好就是前扣带回的看家本领。

了解前扣带回的一个好方法就是探讨斯特鲁普效应。这是约

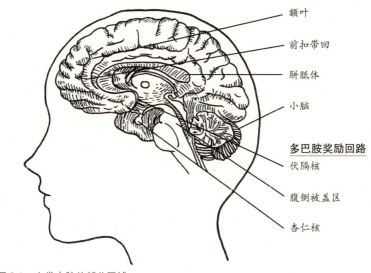

图 2.1　人类大脑的部分区域

翰·里德利·斯特鲁普（John Ridley Stroop）于 1935 年发现并以其名命名。他发现，当要求我们说出某种东西的颜色时，如果这个东西是另一个颜色的字，我们的反应会比较慢也比较不准确。举例来说，说出四个红色印刷星号的颜色很简单，但是当这个红色印刷的东西是"蓝"这个字时，要做出正确的反应就难上许多。为什么呢？这是因为当下我们有两个相互竞争的反应。人的心里很自然地想去读出意义，要避免这么做几乎是不可能的。如果你不相信我，试着在家做做看这个简单的实验：今晚来看一部有字幕的中文电影。我保证你会跟着读银幕上的每个字，就算你完全都听得懂在说什么。

那这和前扣带回有什么关系呢？这样说吧，处理斯特鲁普作业这类东西，正是特化出前扣带回的目的，因为这是大脑里唯一能使阅读区域安静的结构，如此一来颜色辨识区域才能做出反应。而当我们心情好的时候，这种控制的管理会特别有效率。因此我们开心时，斯特鲁普效应就消失了。当受试者执行斯特鲁普作业前，先要他们去回想正面的生命事件，例如假期或生日；他们对于忽略与颜色冲突的字义，便不再感到困难。正如同顿悟能力与快乐程度呈正相关，快乐的人比较善于在辨识字体颜色时维持专注。

我们很快会看到，心情和快乐感对于**建构**也很重要。由于大脑经常争辩该说什么、该做些什么，前扣带回一直处于忙碌状态，所以任何能提供帮助的事物，都会有大的影响力。正面的心情能通过帮助前扣带回忍住不需要的反应而增进专注力，如解顿悟问题时的"痛"，还有斯特鲁普效应中，当字体是红色时的"蓝"。如果说前扣带回像联合国，那正面的心情就是它的营业预算。

话虽如此，有件事很重要，那就是要知道自己并不是环境中的被动演员。我们不只接收资讯，我们还创造资讯。我们不停地对自身周围的环境提出理论和预期，若有需要则予以修正。这种现象不限于实验室才观察得到，扩展到整个社会的尺度，不论过去或现在都是如此。我们的祖先将闪电诠释为众神的怒火，日食为恶龙吞食太阳，诸如此类的信念也曾入侵科学界。亚里士多德在距离望远镜的发明约两千年前出生，他认为生命由日光曝晒过的黏液与淤泥自发地崛起，因为这是他对霉菌唯一的解释。至于牛顿，生在一个化学无法解释黄金神秘存在的时代，就曾为了谈论炼金术的微妙之道写下百万余言。

为了显示我们建构诸般理论的需求是如此无所不在，也为了了解其与幽默的联系，在我们移到下个阶段**推断**前，来看最后一个研究。这个研究是由瑞典心理学家约兰·涅哈特（Göran Nerhardt）所做，他想知道是否能用一点也不好笑的素材诱使人发笑。他甚至没有告知受试者即将参与一个幽默的研究，而是单纯指示他们拿起一系列的物体，并等着看他们的错误预期会使他们产生哪种程度的反应。

涅哈特要求的任务颇为直观；受试者分次拿起好几种不同重量的物体（例如介于 740 克到 2700 克）。然后要他们将每个物体分在六个区间内，评等区间从非常轻到非常重。这个序列重复几次后，会给受试者一个比其他物体还轻上许多、大约才 45 克的物体。他并不会告诉受试者最后一个物体有什么特别，只是单纯要他们做一系列的判断，而这件事一点也不有趣。

但是，涅哈特发现，当要受试者判断最后一个、不协调到像是乱来的物体时，大部分的人都笑了，尽管没有任何迹象表明这件事是个笑话。不只如此，与先前举起物体的重量相差愈多，他们对于这荒谬的轻物体也笑得愈开怀。

在这实验首次执行后的四十多年来，改变了好几次设计，而每一次受试者的反应都一样，都觉得最后一个不协调的重量很好笑。其实重量本身根本没有什么幽默之处；而是受试者单纯地建构某种预期后，当预期结果出来是错的，他们除了笑之外别无他法。

在困惑的世界中推断

既然已经探索了**建构**的概念，我们再来看看大脑对这些狂乱的预期做了些什么。唯有通过观察错误的出发点所产生的结果，我们才能明白为什么幽默常因此而生。意思是说，熟悉**推断**，也就是抛弃自己的错误，好让我们能发现新的诠释。

我猜如果你问一百个专家，幽默最关键的成分是什么？大部分的人会说是惊喜。惊喜很特别，因为它能通过很多途径来影响我们。这就是顿悟问题很独特的原理，因为面对这种题目，一直到得到真正答案前，我们对于自己离答案有多接近是完全没有概念的。这个特性便定义了顿悟问题。印第安纳大学的梅特卡夫所做的研究显示，认为自己接近顿悟问题的答案的自信程度，与实际进展呈**负**相关。换句话说，我们自认与解答越接近，事实上离得越遥远。惊喜，不是完成此类任务的副产品，而是**必需品**。

惊喜对于幽默很重要，对顿悟也很重要，是有相同的理由的——我们从错误假设中被拉出来，就会获得喜悦。笑点就是利用惊喜将我们逮个正着，我们越是将预期固定在一种诠释方法上，越有可能使自己在笑话真正的急转弯中失去平衡。你曾经听过的笑话，本质上并没有变得比较不好笑；只是它变成老哏，所以不再带来惊喜。同样地，你曾经看过的顿悟问题不再有趣，也没有挑战性，是因为你不再需要用顿悟来解决。你只需要一点点记忆力而已。

推断是重新评估这些错误知觉的历程，通常会带来愉悦的惊喜。我们享受发现自己的错误，因为惊喜是最有价值的情绪之一，就像幸福或骄傲一样。科学家通过询问大众近期的情绪经验，用以定量惊喜的重要程度。这正是斯坦福大学的克雷格·史密斯（Craig Smich）所做的事。他问了受试者数千条关于近期生活事件的问题，像是"在这种情境下，你觉得多愉悦或多不愉悦？"，还有"当你觉得高兴时，你觉得自己应该投身处理这种情境的必要程度有多少？"。配合使用进阶的数据分析，他便能定位受试者的情绪坐落在哪个特定维度上，包括情绪的愉悦度以及经验这种情绪需投入的精力。图 2.2 显示，惊喜相对于其他情绪的排行关系。

结果出炉，惊喜站在一个特别的位置，靠近图表的顶端。由坐标轴计量出的愉悦度及经验所需精力，显示了惊喜是我们经验上最正面也最自然的情绪之一。

不只幽默，惊喜也能在很多情境中带来愉悦。德国心理学家兼艺术理论学者鲁道夫·安海姆（Rudolf Arnheim）分析的令人愉悦的惊喜范例，或许是最优雅的一个，那就是巴洛克时期作曲家勒克

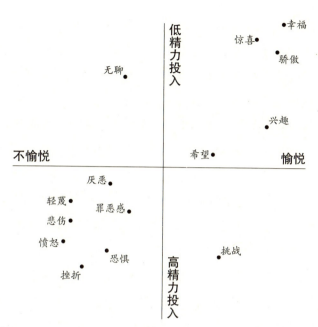

图 2.2 情绪随其愉悦度以及经验这种情绪的人所投入的精力。改自史密斯与菲比·埃尔斯沃思（Phoebe Ellsworth）的研究论文

莱尔（Jean-Marie Leclair）的小提琴奏鸣曲。勒克莱尔在 18 世纪中叶写了近百首大调作品，并以创作繁复且知性的小提琴协奏曲而家喻户晓。在他遗世的最后几件作品中，其中一曲在接近中间的某处，突然加进一个不同调性的音符，显得相当刺耳。乍听之下很突兀，听众暗想，刚刚是否可能出了错。但是这个同样的音符又出现了一次，还伴随另一个惊奇的音符，接着我们很快就体会到，原来是作曲者在表演中间转了调性。检验乐稿上的音符，显示这个变化完全是故意的。原本是降 B 的音符在之后的同一个小节变成当作升 A 来看；这传达了勒克莱尔的想法，也就是这个音符在新、旧调性中有着不一样的目的。短短几个音符间，听者被迫舍弃对这乐曲预先怀抱的假设，而用全新的方法去聆听，使得聆听这曲音乐的经验

变得更加丰厚。

安海姆解释，这种瞬间的切换在建筑上也会发生。举例来说，马蒂尼翁宫是 1725 年由建筑师让·库尔托纳（Jean Courtonne）设计的巴黎宅邸，现在是法国总理让-马克·艾罗（Jean-Marc Ayrault）的家。在它建造之时，传统格局要求建筑物应该以前后入口的连线为轴，达到左右对称。但考量周围街道走向，这种要求对马蒂尼翁宫来说是不可能的，因此建筑师唯一能做的，就是将这条对称轴移到建筑本体的里面。如此，访客无论由哪个门进入，看到的一切布局都如预期般，是左右对称的形式。但再往前走几步到某个位置，所有东西突然间都偏移了；室内的格局不再以他们进来的入口为中心，现在则是以对面的入口为中心。有人说这是欺骗，也有些人倒觉得这设计很聪明。但包括现在的住户在内，大家都赞赏这个切换正是使这栋建筑物让人住得如此愉悦的理由。

在幽默的领域有个专有名词同等于这些现象，叫作背反预期。背反预期是言谈中带有瞬间且惊喜的参考点切换，常是为了创造喜剧效果。例如说，以下引述美国政治讽刺家斯蒂芬·科尔伯特（Stephen Colbert）的名言："这图表要是我读得没错，我会非常惊喜。"科尔伯特当时看的是 2008 年美国总统选举的民调数据，就算局势再明朗，也都很难解读。而他说的这句话，一开始听来好像准备给出深具洞见又犀利刻薄的评论；没想到，听到第二句话我们才知道，当他试着要去解读这些数字时，其实和我们一样笼罩在五里雾中。这个笑话不需营造句或笑点，只需要听的人想的，比起科尔伯特实际上说出来的先"偷跑"就是了。

可想而知，负责抓出这些错误开端的大脑区域正是前扣带回。我们可以从加州理工学院生物学家卡尔利·沃森（Karli Watson）做的研究了解这件事。沃森想看看有没有哪一个特定的脑区，对惊喜尤其重要。她给受试者看一些卡通漫画，同时用 MRI 监测他们，并且（像先前研究一样）她先将漫画分为好笑与不好笑，再加入新增的操作变因，改变了一些漫画的本质，让有些是因为画面滑稽，而另一些则靠标题或是语言。由于视觉中心和语言中心非常不一样，所以像这样的变异可能对大脑如何反应有很大的影响。因此她预期这些笑话会引起完全不同区域的反应。但是有没有哪些区域是都会启动的呢？

答案当然是有的。不论哪一种笑话，多巴胺中心和前扣带回两者都会变得活跃。不只如此，笑话愈好笑，每位受试者前扣带回的参与程度也愈高。

像这样的研究是**推断**阶段的绝佳范例，因为它们显示引起欢笑的并不是笑话的内容，而是我们大脑如何突破笑话引起的冲突。这个推论从科尔伯特的妙语、勒克莱尔的小提琴协奏曲到库尔托纳的马蒂尼翁宫都能看到。我们从辨识自己的错误中得到喜悦。虽然我们常觉得所谓笑点就是带有误导，但其实这是我们焦虑大脑所给予的错误诠释。勒克莱尔的协奏曲事实上没有不同调性的音符，如同科尔伯特的那一句话里其实也没有矛盾。两者的娱乐效果纯然来自我们跨越了自己内在创造出的错误预期。如此一来，"推断"便借由迫使我们重新检视错误预期，进而从"建构"中筑起。

为了要看这所有的东西最终怎么变成笑话，最后让我们来探索"解决"这个概念吧。

用脚本解决

一位臃肿的女人坐在午餐桌台，点了一整个水果蛋糕。女服务生问："要帮您切成四片或八片吗？""不用切，"女人这么回答,"我在减肥。"

这个笑话好笑吗?除非你对水果蛋糕式幽默有特殊喜好,否则你大概会说不好笑。但是乍看之下,它应该像是好笑才对,因为女人的反应肯定令人惊奇,惊奇到一点道理也没有。那么考虑另一种结局看看:

> 一位臃肿的女人坐在午餐桌台,点了一整个水果蛋糕。女服务生问:"要帮您切成四片或八片吗?""切成四片,"女人这么回答,"我在减肥。"

这样好笑了吗?又一次,你大概不会笑得太大声,但我敢打赌至少你会觉得比第一个版本好笑。原因在于,第二个版本提供了瞬间转移观点的解释空间。光是在笑话中引入惊喜是不够的,我们还必须提供观点转移。我将这种幽默历程的第三阶段称为"解决"。

研究幽默时,我们需要描绘笑话的预期与实际结果有什么特征。从水果蛋糕的故事中,我们看到有几个字暗示贪吃的预期:事实就是女人点了一整个水果蛋糕,而不只一块;她又被描述为臃肿。所有背景提示她真的非常期待这个蛋糕。当她吩咐切成四块而不是八块时,一种受她体重影响的诠释是,她以为切成四块热量就比较低。而另一种诠释,也是正确的诠释,则是蛋糕切几刀与它的热量或是分量根本没有关系。

很冗长乏味,对吧?经过这样的分析,就能明了为什么剖析幽默常被比拟为分析蜘蛛网的几何学。美感尽失啊!

我为分解如此乏善可陈的笑话道歉,并且承诺不会再这么做了。但是认可笑话的结构繁复,这件事却很重要。为了比较截然不同的意义，我需要用科学的方法来描绘笑话里包含的所有错误假设。我们需要有方法测量意图与非意图意义之间的距离，才能对这个笑话能多好笑有概念。或许最重要的是我们需要了解为什么大家会对某些失谐的情况大笑，好比女人觉得四大片水果蛋糕会比八小片来得健康；而另一些更严重的失谐，像是女人走进餐厅点了一整个水果蛋糕，却似乎被忽略了。为了了解笑点在哪里，我们需要理解脚本。

我从加州大学拿到心理学博士学位后，最初是担任博士后研究员，与身兼电脑科学与神经学家的詹姆斯·雷吉亚（James Reggia）共事。和雷吉亚共事让我相当兴奋，因为他几乎对所有事都感兴趣。他不只研究脑半球侧化（我自己的专业），还研究语言和记忆。他的专业是人工智能、混沌群化，还有利用人工生命检验大尺度问题空间这个新兴领域。他甚至还教机器进化和专家系统的课。简单来说，他就是那种几乎所有事情都知道一些的人。所以当我们在马里兰州哥伦比亚的一家餐厅初次见面时，他对我说的第一句话就是个惊喜。

"我非常期待与你共事。我之前都还没和框框学者合作过呢！"

虽然我不懂他的意思，但当他解释后，我不只明白、更同意雷吉亚的描绘，然后我们就变成好朋友了。雷吉亚的意思是，我们心理学家天生喜欢画框框。我们拿到复杂的认知和社会现象，为了了解它们，我们将组成分子分解为程序，并用框框包起来。我们在框框间画箭头展现它们如何互相影响，当我们变得特别亢奋的时候会连框框都不画，好腾出更多空间，只留下文字和箭头。有的时候，这看起来带点傻气，但我们没得选，因为我们研究的东西就是这么复杂。这就是为什么我要引导你来看看图 2.3 的笑话，让你看看我们的分析能有多"框框"。

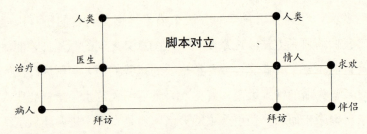

图 2.3 图解以"医生在家吗?"为开头的笑话。懂了吗?

我猜这一次,你又没笑。如果你笑了,那你现在应该停下来别再读下去了,因为我无法给你更多东西。现在,如果我用你比较熟悉的格式来呈现笑话,感觉如何呢?

"医生在家吗?"病人用暧昧的语气悄声问。

"不在,"医生年轻貌美的太太悄声回答,"你就进来吧。"

虽然第二种呈现方式和第一种看起来截然不同,两个事例说的是同一个笑话。第一个只是将笑话中所有关键元素用图解呈现,此方法由萨尔瓦托雷·阿塔尔多(Salvatore Attardo)发现。阿塔尔多是得州农工大学的语言学家,是世界上发表论文最多的幽默研究员之一。他对这个领域最重要的贡献叫作幽默语言的普遍理论(GTVH)。这个理论解释了笑话为什么实际上只是用不同方式来操弄**脚本**。为了了解这是什么意思,我们需要更仔细看待图 2.3,看看它如何对应到我们比较熟悉的笑话格式。

我们从仔细看待这些字词开始。每个词反映一份不同的脚本,所谓脚本指的是描述某些物体、行动或信仰的一整块信息。每个人的脚本都不一样;而个别的脚本必须包含什么东西进去也没有规则可循。对我来说,**医生**的脚本包括他们会替病人看病、开药,大概还会打高尔夫这些事。根据你自己与专科医生如小儿科医生或精神科医生的接触经验，你的脚本可能会包括其他预期，好比棒棒糖或有长沙发的办公室。婴儿不是生来就有脚本的；脚本必须学习得来。

科学家用脚本研究幽默，因为它能用来做系统性分析，如图2.3。注意图的左半边代表笑话最初启动的所有脚本。一开始我们觉得病人是要去医生那儿寻求治疗（圆形的"节点"代表脚本，线则代表脚本间有意义的联结）。接着，医生的太太请他进来，我们看到好几份错误的脚本被启动了。病人并没有生病；他也不是来看医生，他是在勾引情人。从这个图上你可以看到，医生和病人间的共通元素是**治疗**，而情人和伴侣相对应的联结却大异其趣。

脚本的概念由来已久，深植心理学研究约五十年。"脚本真的称得上是人类用来描述其世界所有知识的总称，"阿塔尔多这么说，"当维克多（维克多·拉斯金，脚本理论的原创人）引入这个概念时，他便试图使它具有普遍性。在20世纪70年代，模式（schema）、框架（frames）、图式（schemata）等研究繁花似锦，这些细微不同的方法，都是用来描述人类如何组织信息。有些定义得比较制式化，而有些比较重视操作意义。但它们都试着在做同一件事：它们试着说出人类如何操弄其世界的知识。"

以上所有分析对水平之下的笑话都显得太技术性了，但真的描述了幽默的某些重要需求。首先，笑话为了成功，必须启动好几份脚本。第二，脚本间必须互相对立；对立越强，笑话越好笑。在这里关键的对立是**治疗**与**求欢**。去治疗气喘或肺结核和在下午来段幽会，如你所见，这两件事非常不一样。

将幽默用脚本的角度来思考，另一个好处是可以让某些失谐得以突显，而另一些会被忽略。考虑下面这个笑话就知道我的意思了：

有只熊走进酒馆,走近酒保,"一杯马丁尼……要烈的。"

酒保问:"为什么要停顿(pause)?"

"不知道耶,"熊这么回答,"我一生下来就有(爪子,paws)了。"

这个笑话靠的是"双关",本质上就是基于发音歧义的脚本之间产生的冲突,但这不是重点。重点是,一只熊走进酒馆里要做什么?为什么酒保没有匆匆逃命?再怎么说,一只熊哪有可能会举着马丁尼酒杯呢?我们忽略这些失谐,因为我们很快辨识出这并不是笑话的一部分。关键的脚本对立在"停顿"跟"爪子"之间,这和熊突然会说话和喝杜松子酒一点关系也没有。但有些笑话真的会利用这些看起来可忽略的失谐,像我们在大象笑话的漫长历史中所见:

大象怎么躲在樱桃树里呢?它在脚指甲上涂红色指甲油。

我个人很爱大象笑话,不是因为笑话精明,而是它们总能命中惊喜的概念,引人发笑。这个特别的笑话,其核心的脚本对立,其实是会爬树的大象这个最不起眼的面向。别去管任何树肯定会因大象体重的压力应声断裂,或是厚皮类动物解剖学上根本没有用来攀爬的对立形脚趾,还有少得可怜的指头。我真正想知道的是,它的脚指头是什么颜色!整个笑话都很荒谬,是因为大象、这个笑话中最受启动的脚本,唤起大家对它体形和体重的想法,因而暗中逐渐破坏这个笑话其他所有的面向。

研究发现,这样的背景失谐,非但不是笑话中被容忍的点,反而能使笑话更好笑。我指的是由斯坦福大学团队的心理学家安德列娅·萨姆森(Andrea Samson)做的一系列实验。她指示受试者观赏一些漫画。漫画中,有的包含背景失谐,有的则全然省略。为了控制实验，每个漫画都用了配对的两种版本，一个是"极度失谐"组，一个是控制组，也就是原来的笑话材料。受试者被要求两种混杂着看，并依据自己觉得每幅漫画好笑的程度评等。举例来说，一幅漫画中，一对企鹅爸妈在南极一片荒凉中疯狂舞动双手庆祝。其中一只说："他刚才说了第一句话哟！"另一只回应："太棒了！他说什么呢？'马麻'？还是'把拔'？"第二幅漫画中，两只企鹅站在它们的后代身边，小企鹅正大声喊叫："真他妈的冷！"而在现实组，对话文字保留一样，但用爱斯基摩人取代企鹅。

萨姆森发现受试者比较喜欢有背景失谐的笑话。很明白地，正是企鹅让这笑话更好笑了。

为了了解上述所有东西和**解决**有什么关系，我们再来看大脑最后一次；这次用的是脑电图，通常称为 EEG。这个实验是由心理学家彼得·德克斯（Peter Derks）执行，为的是参加 1991 年于加拿大安大略省国际幽默社举办的研讨会。实验包含利用置于头皮上的电极测量受试者的大脑活动的部分。电极无法告诉我们受试者在想什么，但当他们的大脑变得特别忙碌时，电极就会显示出来。二十位受试者扣着电极，一边阅读一系列的笑话，每个笑话都是在结尾的最后一个字才给出惊喜的笑点。同时，德克斯和他的同事监测控制受试者嘴巴的颧骨肌，这是科学上决定一个人是大笑还是微笑的方法。

分析脑电图的数据后，德克斯看到受试者对笑话产生两种非常不一样的电流生理反应。第一个活动波峰称为 P300，出现在最后一个字的笑点后约 1/3 秒，电流活动是以突然正值尖起的形式出现。简单来说，当笑话一读完，受试者的大脑很快就变得非常忙碌。接着，之后大约 100 毫秒，脑电图显示一个负值偏斜的 N400，同样也代表电流活动突然增加，再一次是因为大脑处理量增加。

关于脑电图有几件事很重要，要先在这里指出。第一，脑电图上观察到的任何效应，其正负值是没有意义的。因为正负值是由大脑中神经元细胞调适的方式决定，和我们如何思考没有关系。第二，也是比较重要的，观察到的电流潜势，其出现时机和特性代表一切。事实上，观察到 P300 效应的研究文献就算没破千、也起码有上百篇。从这些研究中，科学家发现它总是反映出调适反应 (orienting response)。当我们看到非预期，或是抓住注意力的事，一律显示 P300。N400 的研究也较为充分，不过反映出的是不同种类的处理。N400 会在大脑必须将新的信息塞进既有的知识里的时候出现，这个过程称为语义整合 (semantic integration)。

可惜的是，单凭 P300 与 N400 效应出现与否，没办法告诉我们受试者怎样处理笑话；但当它们与收集来的受试者脸部肌肉反应数据结合，一幅新的图景就出现了。德克斯发现，由受试者的颧骨肌活动能清楚分辨某些笑话比其他的好笑。当德克斯将包含好笑笑话的试验和不好笑的试验分离，他看到不管笑话好不好笑，所有受试者都展现 P300 效应。然而，N400 效应只有当受试者颧骨肌启动时才出现。换句话说，不好笑的笑话让人笑不出来，也无法引起语义整合及 N400 效应。

德克斯找到幽默不只包含震惊或惊喜的证据。不好笑的笑话仍会带来 P300 调适反应，因为它含有令人惊喜的笑点，但就仅止于此。它并没有导致令人满意的解决，也因此不可能进入我们处理幽默的第三阶段。它没有启动让笑话"到位"的对立脚本。如此这般，在碰到这样的失谐后，受试者的大脑就沉默了。

德克斯的发现清楚区别了**推断**和**解决**的差异，听到笑话是一回事，而这笑话让我们感到满意则是另一回事。把所有东西用上并凑在一起而"听懂"这个笑话，显然和震惊或惊喜有分别，所以我称这个阶段**解决**，正因为幽默需要的不只是处理预料外的事，也要启动新的参考架构。

有趣的是，前扣带回目前为止都和 P300 紧密联系，却和 N400 无关。换句话说，前扣带回协助管理竞争反应，却不负责启动紧接笑点而来的新脚本；事实上是整个大脑负责做这件事，它才掌握了解笑话实际意义所需的所有知识。所以说，冲突对幽默可能不可或缺，但少了一些解决我们也不会觉得笑话好笑；没有解决，我们确实得不到愉悦。这就是告诉女服务生我们正在减肥与预期刀子会奇迹地让热量消失，这两种诠释之间的不同了。

各个阶段之外

重要的是**建构**、**推断**、**解决**三阶段不仅仅是看待幽默的方法；它们也反映出我们处理环境中**所有**面向时的普遍情形。我们人类总是在猜想，也总是在思考上偷跑，就如同我们总是在处理冲突并寻找解决方法。笑话只是非常迅速地处理这些阶段所特化出的方式而已。

但这不是说，笑话没有几个阶段同时发生的情况。自然发生的幽默经常把三个阶段混杂在一起，像我们有时候在报纸上看到的幽默新闻标题。"官僚的裹脚布勒住桥梁工程"是一例。"医生着马装出庭"也是一例。这些标题每个都值得登上杰伊·莱诺的独角喜剧桥段，但它们惊艳之处在于，才短短几字却每个都唤醒我们同时建构、推断跟解决冲突诠释。对新闻标题来说，只有歧义是不够的，否则"医生着装出庭"就应该会一样好笑。这里是无意识的意思带着我们的思绪，一路上想象着一位扮成马的律师，不知道要多久法官才会宣判他藐视法庭！

到下一章之前，让我们来重访老朋友前扣带回吧；它就是借由听取脑内所有声音，并且叫不想要的声音闭嘴，来管理冲突的大脑区域。我们知道大脑里住了数以亿计的神经元,前扣带回是冲突中介者,有点像是联合国,身边围绕的国家经常起争执。很清楚地,它的演化不只是为了让我们觉得笑话好笑。相反地,它身兼多职;从政治信念来检视这件事,是再明显不过的了。

英国演员科林·费尔斯(Colin Firth)曾于电影《国王的演讲》中诠释乔治六世国王而荣获奥斯卡影帝,他并不是你预期中那种会做出一系列严肃学术研究的家伙。而就研究的内容来说,政治也不是你预期中会在伦敦大学学院神经科学中心研究的主题。这使费尔斯与中心主任杰兰特·里斯(Geraint Rees)所做的研究加倍令人惊奇。这个研究的概念找上费尔斯,是在他应邀参加 BBC 的客座编辑计划之时。费尔斯请里斯扫描英国保守派艾伦·邓肯与工党领袖史蒂芬·庞德的大脑,因为他想看看是否有可能根据他们对立的政治信念,来区别他们的大脑。"一开始我接下这个任务,只把它看作一个蛮轻佻的活动,"费尔斯这么说,"我是说,我只是决定要找出那些不同意我的人,他们生物学上出了什么问题;也想看看科学家对这件事有什么话要说。"

当这两位政治人物聊起工作时,他们的大脑的确有好几个部位亮起来。这件事本身就足以成为在广播中分享的有趣小故事,但更为有趣的是当费尔斯和里斯将实验样本扩增到随机挑选九十人之后所发生的事。明确地说,他们要求受试者从五分的尺度上定位自己的政治倾向,从非常自由到非常保守。接着用扫描器扫描他们的头部,测量大脑内杏仁核与前扣带回这两个结构的大小。

费尔斯看到的第一件事是,自由派大脑中的前扣带回远大于保守派。而保守派呢?他们的杏仁核则比自由派的大。目前我们对杏仁核还没有太多讨论,但它是奖励回路的一部分,它将多巴胺配送到整个大脑。而它还有负责其他东西——恐惧,尤其是与学习和决策执行有关的恐惧。所以说，通过展示保守派拥有比较大的杏仁核，而自由派拥有比较大的前扣带回，费尔斯和里斯说明这些个体可能是为了不同事情而特化的。自由派对冲突侦测高度敏锐；而保守派则是对情绪学习敏锐。

这个差异大到足以让费尔斯和里斯只凭看受试者大脑，就能正确分类他是非常自由或是非常保守，准确率高达72%。相形之下，对政治信念最具影响力的因子之一的宗教性强度，预测自由或是保守倾向的准确率只有60%。

说到宗教，你可能会很惊讶，它和前扣带回的活动也有联系。多伦多大学的一个研究发现，当有信仰的人想到神，前扣带回的活动会降低，这件事提示了对他们来说灵性是降低冲突的程序。而在无神论者身上，则发现完全相反的结果，当他们想到神，前扣带回的活动会**增加**。对无神论者而言，信仰超自然的崇高力量不能解决冲突，反而使其增加。

这个发现难道代表自由派和无神论者的配备让自己成为比较有趣的人吗？倒不见得。然而这暗示，自由派在察觉冲突上较敏锐。而且，由于前扣带回帮助解决歧义，自由派也可能比较能够适应复杂性和矛盾。另一方面，保守派就可能比较情绪化了。他们倾向通过情感解决复杂性，这也不是件坏事，因为要是没有情感，幽默也就不存在了。

前扣带回与杏仁核的演化，当然不只是为了让人发现好笑的笑话而已。它们找出冲突和复杂性，然后用能达到情绪上满足的方法来解决这些冲突，协助我们合理解释自身所在的世界。自由主义和保守主义，就像笑话和宗教，只是处理困惑的不同办法而已。要是没了那种困惑，我们就不可能会笑了。

第三章
帝国大厦上停机

> 世上唯独人类备受煎熬,迫于苦痛折磨而发明笑。
>
> ——尼采(Friedrich Nietzsche)

> "先不管那件事,林肯夫人,您觉得这部戏如何呢?"
>
> ——佚名(Unknown)

如果说 2001 年 9 月 11 日是永远改变美国政治的一天,那么 2001 年 9 月 29 日便是永远改变幽默的一日。

大多数人并不觉得那天有多特别,但纽约人比较清楚。这不是标示美国遭阿富汗入侵的一天,这种事在别的日子并不会发生;也不是《爱国者法案》通过的日子,那是在一个多月之后。2001 年 9 月 29 日,是综艺节目《周六夜现场》第 22 季的首播。

正如同我们所有人都记得"9·11"的悲剧事件,我们也会回想起接踵而来的郁郁寡欢的心情。电视台停播了情境喜剧,以及除了 24 小时即时新闻之外的所有节目。音乐家取消演奏会,职业美式足球和棒球赛延期。迪士尼乐园创下 56 年营运中第二次关上大门的记录。如同戈特弗里德在海夫纳的吐槽会上拿"9·11"的悲剧来开玩笑时所发现的,这个国家还没准备好要笑。

《周六夜现场》的制作人洛恩·迈克尔斯以及百万观众所面对的挑战非常巨大。一场事件夺去了超过 2500 个纽约市民的生命,其中超过 400 位是警察、消防员、护理人员,在这样的事件发生 18 天后,迈克尔斯必须播出的节目,其唯一诉求竟然是喜剧。如果他取消节目,也不会有人怪他。当时仅有屈指可数的娱乐节目返播,然而迈克尔斯知道《周六夜现场》很不一样。它代表的就是这个城市,如果首播不准时,这令人无法接受的消息会传遍全美。

演员梅德维是节目的临时演员,"9·11"前两天才参加演员协调人员的试镜。悲剧发生后,警笛声仍在市内不绝于耳;透过窗户还看得见灾难现场隐隐烧着的余烬。"我在这里做什么?"梅德维自问道,"我唯一想到的答案是:也许笑是最佳良药。"

节目的开场,是纽约市长鲁迪·朱利亚尼(Rudy Giuliani)站在舞台中央,周围环绕着二十几名纽约市消防与警察成员。

"晚安。自从 9 月 11 日以来,许多人称纽约是英雄之城。嗯,**这些**就是我们的英雄。纽约市消防局、纽约市警察局与港务局英勇的男女、消防局局长冯艾森和警察局局长克里克。"

接着,一段殉职人员英雄事迹的简短讨论之后,朱利亚尼介绍保罗·西蒙出场,保罗唱起《拳击手》,这首歌曲最初录制于圣保罗教堂不远处,是一首关于纽约市的歌曲。曲终,摄像机回到朱利亚尼身上,现在他站在制作人迈克尔斯身旁。

"谨代表在场诸位,我想向今晚到场的你们所有人致谢,特别是你,先生。"迈克尔斯向市长这么说。

"谢谢你,洛恩。"朱利亚尼回礼,"非常感谢你。让我们的城市恢复朝气,告诉世人,纽约市重新站起来了。《周六夜现场》是纽约市了不起的代表作之一，因此今晚你做的节目很重要。"

朱利亚尼停了下来。

"我们能搞笑了吗？"

虽然朱利亚尼不是喜剧演员，但他肯定了解如何掌握镜头。他的语气平板，像你想的一样没有表情。

"不如就现在开始吧？"

这不是一个会让人大声笑的笑话，却是一句每个人都记得的话。我们巴不得想得到再次欢笑的许可，而只有获得这个城市市长的认可才有可能。很神奇地，朱利亚尼让人觉得要是不这么做，就不爱国似的。

我用恐怖袭击悲剧后《周六夜现场》重新开播的小故事来开启本章，是因为这展现了笑这件事能有多敏感，而那天晚上的秀仍然不敢太新颖突出。举例来说，开场独白应该由当晚嘉宾里斯·威瑟斯庞（Reese Witherspoon）开始，她说了一则北极熊宝宝的笑话：

从前有对北极熊夫妻，他们有个美丽的北极熊宝宝。他是最可爱的宝宝，不只跑得非常快，还很早就会讲话。他问妈妈的第一个问题是："妈妈，我真的是北极熊吗？"他妈妈就说了："你当然是北极熊啊。我是北极熊，你爸爸是北极熊，所以你当然是北极熊啦。"

这只宝宝熊就渐渐长大了，学会抓鱼，让他爸妈很骄傲。然后过了几个月，他又问了："妈妈，你确定我是北极熊吗？"他妈妈回答："没错，宝贝，我们都是北极熊。你的爷爷奶奶也都是北极熊。你呀，是纯种的北极熊。"他说："好吧。"

然后在宝宝熊一岁的生日，他的爸妈为他办了一场盛大的派对，还跟宝宝熊说他们有多为他感到骄傲。就在他正准备要吹熄蛋糕上的蜡烛时，他问了："妈妈，你真的确定我百分之百是只纯种的北极熊吗？"他的妈妈一阵惊慌，问了："你怎么一直问这个呢？你当然是纯种的北极熊啊！"

"因为我真他妈的好冷！"

一直到这个秀播出时，威瑟斯庞还在担心这个笑话，尤其是它的结尾。迈克尔斯恳求她讲，连亵渎的部分也包含在内。他甚至愿意偿付美国联邦通信委员会对她的所有开罚，直说能向观众证明纽约正在恢复运作，这个代价是值得的。威瑟斯庞明白这个论点，但她还是改了结局。她说："我冷到蛋蛋都要掉了！"大家都笑了，却没有人知道她还事先审查过这个笑话，虽然得到的效果不太一样。

幽默看重情绪和看重惊喜的程度不相上下。当笑话太过火或用了冒犯性的语言时，我们会觉得不舒服；这种不舒服，就是群众会嘘戈特弗里德的贵族笑话，以及威瑟斯庞选择不在全国性频道上说"真他妈的"的原因。但有时候，一点点的不舒服是件好事，它不只对解决顿悟问题和看懂笑点很有用，还可以把我们的压力和一些负面情绪转化成正向的东西，好比说笑。

这章就来探讨为什么。

幽默有个臭名声

令人惊讶的是，从我们历史上来看，幽默一直不太受欢迎。柏拉图在其著作《理想国》中，将幽默视为非法行为，宣称它使人从更为重要的事情中分神。不只有他一个人这么想；古希腊人尽管见地卓越、开明进步，也认为笑很危险，会使人丧失自制。霍布斯稍为实际一些,宣称幽默是生命不可或缺的一环,但仅限于智识劣等的一群。因为幽默给予他们自我感觉良好的机会,尤其是当他们指出他人不完美的时候。

哲学家不是唯一对幽默针锋相对的一群人。《圣经》也做尽十足的批判。《旧约》中虽提过几次神发笑的场合,但形式几乎都是嗤笑或轻蔑,像在《诗篇》第二章:

  那坐在天上的必发笑,主必嗤笑他们。
  那时,他要在怒中责备他们,在烈怒中惊吓他们。

任何人都不想听到这种笑。综观整本《圣经》,当人在笑时,大多出于愚痴,诸如亚伯拉罕和撒拉对他们能生儿子的想法窃笑。有些研究者钻研之深,去计算神与他的门徒笑的次数,并将各个例子归纳为三种原因,即侵略、悲伤或欢乐。而侵略获得压倒性的胜利,占了45%。因欢乐而笑的情况,只发生过两次。

对那些主张《旧约》本身就比新版来得黑暗的人,可以研究看看以下这件事:宗教学者间仍持续争论着耶稣是否曾笑过,指的不只是《圣经》中记载的,而是终其一生。

为什么在历史上幽默遭到如此严苛地对待呢?其中一个原因是,幽默本质具有颠覆性。有些笑话固然无害,例如鸡群过马路、大象藏身樱桃树等主题,但是大部分的幽默并不是这样。它们轻佻地处理严肃的主题,有时候甚至相当粗鲁不文、旁若无人。看看下面这个笑话,我小时候听过很多次,但或许现在这个世代反而会觉得新鲜:

NASA 是什么的缩写？还需要另外七位太空人。①

这个笑话盛行于 1986 年间、"挑战者号"航天飞机爆炸之后；在我告诉大家这件事之前，大多数人看不懂笑点。"挑战者号"自卡纳维拉尔角升空 73 秒后，机体火箭推进器的 O 形环就坏了，导致燃油泄漏与飞行器解体。七位乘客全部丧命，其中包括一位教师麦考利夫，他因参与 NASA "教师升空"的计划得以共乘。

"挑战者号"的笑话不止这一个，而且还不少。这些笑话并非马上出现，而是在事件之后几个星期纷纷传出。有个研究发现，这类悲剧个案发生的时间和其衍生出的相关笑话之间潜伏期为 17 天。而戴安娜王妃的死，潜伏期较短；世贸中心灾难的潜伏期可长多了。

黑色幽默令人着迷之处，从大量且丰富的低劣笑话可见一斑，举凡挑战者号笑话、艾滋病笑话、切尔诺贝利笑话等不胜枚举。这些笑话甚至比酿成笑话的事件本身还持久。在我长大的时候，每个人都有自己最喜欢的"无臂无腿"笑话：一个没手臂没双腿的小孩被钉在墙上，你怎么叫他？艺术（Art）。一个没手臂没双腿的小孩浮在池塘上，你怎么叫他？浮标（Bob）。

许多读者可能不知道，曾有一整个世代遭受萨力多胺（thalidomide）威胁，那是一种在 20 世纪 50 至 60 年代医生经常开的药，却造成多种先天缺损的可怕副作用，其中一种缺损是先天缺少四肢的海豹肢症。由于萨力多胺当时最主要是用来治疗孕妇晨吐，数以千计的孩童惨遭不幸。罹患海豹肢症的存活率约 50%，所以或许那时真有生来就没有手臂、缺少双腿的孩子，而他们的名字可能是阿

---

① "还需要另外七位太空人"的原文是 Need another seven astronauts，缩写恰为 NASA。

特（Art）或鲍勃（Bob）。

有人宣称，这些笑话突显了人类行为最坏的面向。他们说艾滋病笑话不过就是厌恶同性恋的借口；萨力多胺笑话，则是取笑残障为乐；甚至有评论家宣称挑战者号笑话鼓励年轻学子以讥笑老师为乐。但是另一些人觉得这样的断言有失公允。他们相信真相远为复杂，他们的论证正与大脑利用不同方式处理冲突这件事有关系。

"我要告诉你一件事。（这些以悲剧为本的笑话）不是哀伤的形式。"英国幽默研究员克里斯蒂·戴维斯（Christie Davies）这么说。关于这个主题，他写了超过 50 本书以及多篇文章。如果有人懂得解释病态幽默的目的，那就是他了。他在超过 15 个国家发表关于这个主题的演讲，通过电视及收音机登上国际舞台，甚至曾在最高法院中作证。简单来说，提到病态幽默，戴维斯知道他说的是什么。而且他不容易被冒犯。

"第二，它们也不是冷酷麻木。我相信其中的解释就是失谐。"戴维斯的理论也获得大多数幽默研究员支持，那就是尽管低劣笑话具残忍或侮辱的本质，说话者的意图并不是邪恶的。事实上，若想了解病态幽默包含的真正信息，我们必须探索它们背后不一致的情感。当悲剧骤临，我们可能会有许多反应。我们会感到悲伤、遗憾甚至绝望。我们可能也会受到新闻报道（尤其是电视上的）对我们情绪的操弄而感到挫折。简而言之，我们体验了冲突的情绪。有些人主张，低劣笑话诱引出优越感，这可能也是真的；但这个论点无法解释，为什么想出缩头字 AIDS 另一种版本的缩写法，对有些人来说很有趣；但是在肿瘤病房里大喊"哈！哈！你生病了！"对任何人来说都不好笑。只有在笑话能带出复杂情绪反应时，我们才会对关于某些团体或事件的笑话大笑。因为除了这些反应之外，我们没有其他方式能回应了。

有些读者可能会想，把病态幽默看成是冲突情绪的结果很危险，因为这代表了因这些笑话而大笑不算残忍，只是传达自己情绪的一种方式而已。这甚至看起来像在欢迎嘲弄患者、死者或残疾人士。但实际上并不是这样的。

病态幽默不必理解成带有冒犯性的最佳证据，来自一个对笑话的研究。其中的笑话看似正以取笑笑话中的主角为乐。心理学家赫伯特·列夫考特（Herbert Lefcourt）及罗德·马丁（Rod Martin）在他们所做的实验中，要求30位残障人士看一系列关于残障者的漫画。例如，有幅漫画中展示一架绞刑高台。高台一侧有一架阶梯导向绞索，另一侧则是个轮椅用的斜坡，旁边有一面写着残障专用的告示牌。另一幅漫画则展示悬崖和一个写着"自杀之跳"的标语，在悬崖边有轮椅用的斜坡以及残障专用的标语。

这个实验不希望受试者知道本研究的目的是评估他们的幽默感，所以实验者是在准备接下来的面谈房间的同时，让他们无意间看到漫画。背地里记录受试者的反应后，让他们做一系列的问卷，调查他们关于残障的感觉。

列夫考特及马丁发现，那些看了笑话笑得最多的人，同时也是对自身条件适应较佳的人。比起其他的受试者，他们展现较高的活力、较高的自我控制力，还有较好的自我概念。简单说，用最健康的态度看待自身障碍的人，觉得笑话最好笑。

这样的结果不算意外，其他研究也发现，对自己失去另一半能一笑置之的鳏夫或寡妇，较为快乐、较具处理压力的能力，社会适应力也较高。经历乳腺癌术后的妇女，若能以幽默的态度对待癌症，也显示术后忧虑降低。

更有研究指出病态笑话不必为了好笑而语带冒犯。研究员可以从好几个面向改变这些笑话，像是针对笑话的目标，或笑话的残忍与配适程度。借由操弄以上的因素,研究员能判断是哪个因素使得笑话过于冒犯而难以被接受(例如:你要怎么避免死掉的婴儿在微波炉中爆炸?用挂大衣的钩子戳几个洞在上面)。

像这样的实验已经有人做过了,例如密歇根大峡谷州立大学的托马斯·赫佐格(Thomas Herzog)做的研究。从实验中,我们看到两件有趣的事。第一,残忍不会增进好笑程度。最恶劣的笑话(例如死掉婴儿等等)通常让人觉得最不好笑。但评等为最不残忍的笑话也是如此,其中有许多根本无法达到情绪上的参与。所以说,残忍不会让笑话更好笑,它只是提供引导情绪冲突的方法。过于稀薄的尖酸,使得犹疑这笑话恰不恰当的情绪冲突少得可怜,像这样的笑点就失败了。但过于尖酸毒辣,就毫无冲突产生,因为不恰当的概念从一开始就很清楚了。

第二,我们发现,幽不幽默最大的指标是配适度,所谓配适度指的是能兼具失谐与解决两者的笑点做得有多好(很像第二章讨论的**解决**阶段)。换句话说,笑点越干净利落地引导出令人惊喜的结局,笑话就会越好笑。光是被吓到或惊喜还不够,无论是情绪上或认知上,我们的幽默必须带我们到一个新的境地。

之所以病态笑话的种类这么多,其部分原因是有太多方式使我们的心灵遭受混杂情绪。举例来说,我们为残障的人感到遗憾,但我们也希望给他们力量,并且用他们应当受到的对待方式来对待他们,就像我们对任何人一样。还有,虽然我们为自然灾难的受难者哀悼,我们可能也同时觉得受到媒体操弄,任其告诉我们该如何感受。尤其是电视播报如此即时,它可能是铺天盖地的资讯来源,也是冲突的主要来源。当灾难来袭时,我们会做什么?我们会打开电视。

"电视会试着去说服你,让你处在情绪冲击情境的现场,浮夸泛滥的言语都在渲染即时性，"戴维斯这么说，"但你无法通过电视感觉现场群众的心情。你在屏幕上看到的都经过消毒，然而描述事件的那家伙却口沫横飞地说着状况有多凄惨。你看着屏幕，心里有一部分认为这真是荒谬极了。"

事实证明，谈到幽默，即时性是个主要课题。之前提过，挑战者号笑话花了17天才在校园、运动场遍地开花。算起来每条失去的人命大约要花两天半来哀悼。用这种算法，要超过七千日（也就是19年）过后，大家才能开始讲关于五角大厦和世贸中心攻击的笑话。我虽然对这么简单的算式感到怀疑，但实际情况可能也相去不远。连不是喜剧片，而是重现"9·11"的戏剧类电影《93号航班》(*Flight 93*)，都等到悲剧发生后几乎五年才能上映。虽然讽刺文章期刊《洋葱报》近来真的开了个玩笑说，美国人应该在周年纪念日当天不要自慰，来缅怀"9·11"事件；但这样的幽默很罕见，而且对受难者通常是怀有敬意的。

话虽如此，仍然有许多笑话真的在"9·11"事件后立刻出现，不是在主流媒体而是在网络上。这些笑话也是最具极端侵略性与暴力性的一类。例如有张合成照片，是自由女神像举着遭斩首的本·拉登首级。或是照片上出现一架飞往麦加中心的波音747，上面的标语写道："别生气——要公平嘛。"我们不太容易会误解这些照片想传达的情绪信息。

不过这些"9·11"笑话真正重要的地方在于，它们透露出人们对这起事件的真实情感。会愤怒，这是当然的，也有挫折，偶尔也有些不恭。这让我想起有这么一幅漫画，描绘好几只天线宝宝从熊熊大火的双子星大厦上跳下来，还有张标语写着："喔不！"另一幅描绘鼠标光标在世贸中心上空盘旋，旁边电脑窗口显示信息问："您确定要删除这两座塔吗？"这些笑话不是在开恐怖分子玩笑，它们在取笑哀伤过程本身。像先前提到的，这些笑话出现的时候，电视台还忙着取消颁奖典礼，而迈克尔斯还在挣扎他的现场喜剧秀要怎么主持。这些笑话不是表现同情或感伤，它们刚好相反。

简单来说，它们反映了大家想说的话："不要告诉我该怎样感觉。当我看见一桩悲剧，新闻不必用 24 小时报道来提醒我，我也知道是个悲剧。"

这类笑话透露出人类心智新鲜而非凡之处，也就是告诉我们不能笑，反而使我们**想笑**。这会让我们想合成一张照片，上面有只巨大的猩猩在双子星大厦附近抓下空中的飞机，配上一张标语写着："当我们需要它时，金刚在哪里？"

人类的大脑是只顽固的野兽。他不喜欢别人告诉他该怎么做。

恐怖电影和松口气

当你想到情绪的复杂性时，你大概不会想到《驱魔人》(*The Exorcist*) 或是《午夜行凶》(*Salem's Lot*) 之类的电影。这些恐怖片都试图传达一种特殊的感觉，那就是恐惧，它们也做得很不赖。问题应运而生：大家为什么要看这些电影？如果说恐怖电影引起的情感是大多数人都试图回避的，那为什么我们会付钱上电影院去看呢？

我太太喜欢恐怖电影，但我不爱。我并非是个怕东怕西的人，或者说我希望我不是。不喜欢恐怖电影的最主要原因是，我看不出它们有趣的点在哪里。可是我太太，她和许多人一样，不会同意我的看法。她说被惊吓有很大的乐趣。另外，她也喜欢云霄飞车，而对我来说，这一点道理也没有。

一直以来我总是假设，恐怖电影之所以受欢迎，是因为大家喜欢惊吓画面后随之而来松口气的感觉。这个信念的根源，有一部分来自幽默的宽心理论，也就是说当我们突然间从威胁或不舒服中解放出来，我们就会笑。而这个概念的根本源于弗洛伊德的心理分析理论，认为我们做的所有事（包括笑），都受到了超我对依循享乐原则的本我所施加的压力影响。可是，这个理论有几点原因无法令人满意。其中一个是这理论的科学基础，大概和看手相或占星学一样薄弱。另外，它也无法解释为什么我们不选择整天用锤子打自己脑袋，只为了可以享受停下来所带来的满足感。

　　显然，不只有我怀疑恐怖电影是否明智。在加州大学伯克利分校哈斯商学院教授营销学的爱德华多·安德拉德（Eduardo Andrade）教授，也对这个热门的电影类型感到不自在，或是说不解于大众给出的恐怖电影如此受欢迎的理由。举例来说，为什么我们需要看恐怖或恶心的画面，来感觉自己很好呢？如果观赏者真的是因为恐怖电影结束后的松口气而喜欢这些电影，那为什么坏人到最后几乎都获胜，而且还在续集回来跟大家见面呢？又假设喜欢恐怖电影的人的神经都比一般人大条这件事成立，所以对阴森森的场面不以为意，那为什么这些差异在人格测验中并没有显示出来呢？

　　为了寻求解释，安德拉德做了一系列大概只有恐怖电影迷才会喜欢的实验。他给受试者看两段十分钟的短片，分别撷取自热门恐怖电影《驱魔人》及《午夜行凶》。在其中一个实验版本中，他要求受试者分别在观赏两部影片的前后，对自己开心或不舒服的程度评分，用另一种说法就是正面和负面情绪影响的意思。而另一个实验版本中，他要求受试者在看到最恐怖的镜头时，对自己的感觉评分。结果分成两组来评估，觉得自己是恐怖电影迷的一组，和那些原则上回避这类型影片的一组互相比较。

　　与大众的预期相反，恐怖迷和非恐怖迷两组都反馈在观赏完影片后，不舒服的程度上升了。简单说，不论喜欢不喜欢，**所有**受试者都觉得影片让人心神不宁。而实验差异则出现在安德拉德检视受试者开心的感觉。恐怖迷反馈在看到最恐怖的镜头时，伴随着不舒服，欢乐感上升了；快乐的感觉延续到电影短片结束；然而，非恐怖迷则没有显示如此享受的感觉。当状况一变得骇人，他们老早就准备好闭上双眼，直到实验结束。

安德拉德的数据显示，恐怖电影迷事实上同时经验了两种情绪——喜悦和恐惧。

当初次读到这些发现时，我找我太太一起去看恐怖电影，自己测试一下。我不知道自己会看到什么，但是当我们走进《鬼店另有主》(*The Innkeepers*) 早场电影时，我发誓一定要睁大双眼。这辈子中，我第一次希望整座影院的人可以吵闹又捣蛋，这样我才能看到他们的反应。

在第一个恐怖镜头出现时，观众席上许多人尖叫出来。预期恐怖画面出现的喘气声打断了片刻的宁静，接着尖叫声再次爆发。一开始，这看起来似乎就是观众反应的极限，但接着奇怪的事发生了。在下一个恐怖镜头中，主角进入闹鬼的地下室，这时候有一些人不但没尖叫，反而在笑。当时根本没有好笑的场面，只有一群大受惊吓的鸟，尽管如此，就是有些人在笑。这种状况又发生了好几次，尤其是在悬疑铺陈特别长的镜头之中。

是什么让观众发笑呢？还有，为什么安德拉德研究中的受试者，在惊恐镜头中反馈觉得欢乐呢？安德拉德最后几个实验，回答了以上两个问题。在恐怖电影播放前，他给受试者看几位担纲主角的演员小传，为的是提醒他们是在观察他人"演出一个角色"。他还在电影播放中，将演员的照片放置在银幕旁；这一次，连非恐怖迷都在恐怖镜头中反馈快乐的感觉，其程度大约和恐怖迷相当。明显地,照片和小传提供受试者某种安德拉德称之为"防御框架"的东西,而受试者是从这个框架中,来看银幕上的演出。提醒他们只是在看电影,这件事使他们跨越自身恐惧,让享受的感觉得以出现。这就好像受试者想要享受这部电影,但是恐惧不让他们这么做似的。这个实验使这些潜伏的情感最后得以释放。

哈拉尔·赫夫丁(Harald Høffding)是一位丹麦哲学家,在19世纪末20世纪初相当知名,但对今日大多数人来说相对陌生。他对幽默研究有个巨大的却常遭忽略的贡献,现在相当值得一提,那就是他称为"伟大幽默"的概念。赫夫丁宣称,情绪通过许多形式显露,以"简单"情感的形式,如快乐或悲伤最为典型。但有的时候,我们的情绪互相融合,形成有组织的复合物,反映出全新的景象。这发生在他称为"生命之巅"的时刻,此时我们变得如此顺应于自身情绪,使我们根据自身的经验来行动,而非回应环境加诸我们身上的即时情绪或认知需求。

赫夫丁伟大幽默的想法,可清楚地带出情绪复杂性的概念。的确,伟大幽默反映对生命的体察,不只是从快乐或悲伤的视角,而是通过这些情绪的复杂合成物更全面地去体验。最好的幽默不会让我们只从这一种或那一种方式去感觉,其内涵多样。它使我们在被残障笑话逗乐的同时,也达到了同情的目的。

"从感情净化的角度来看待幽默是没有用的。我们不是在讨论要洗掉什么。"戴维斯的这番话我也同意。病态幽默不是纯粹将情绪压力从我们的系统中净化,而是"塑造"压力使我们能达到某种解决。其中的差别在于希腊概念中感情净化和精神专注之间的不同。感情净化指的是洁净人的情感;精神专注则较不为人知,意思正好相反,指的是投入情绪能量、鼓动原欲力。幽默让我们喘口气,不是通过洗刷掉坏的情感而是通过激发它,并伴随正向的情感,才使我们能享受复杂的情绪经验。

没有比黑色幽默能更清楚阐述这个道理,那是最黑暗的喜剧形式,使人们在穷途末路中迎来光芒。当蒙提·派森喜剧剧团剩下的成员,在他们过世的朋友查普曼的葬礼上唱起《人生总是美好的》,他们不是在庆祝他的死——他们是在庆祝他的生。悲剧的环境确实如葬礼和战争一样,都是孕育幽默的有效温床,因为它们像恐怖电影一般提供相同的感情释放,使参与者正面迎击自己的情绪。"'为什么希特勒还没入侵英国呢?'一位捷克人在 1940 年的秋天这么问。'那是因为德国的军官还没设法学会所有的英文不规则动词呀!'"

黑色幽默中,最有名的例子或许是韦南齐的故事,他是新泽西特顿的空军上尉。1967 年 9 月越南民主共和国一场轰炸突袭中,韦南齐的 RF-4C 机身在河内附近遭到击落。几乎同一时间,他被押为战囚,与其他几位士兵都遭到残忍的对待。他的许多弟兄的处境比他更糟糕,身受捆绑且心境凄惨,急需一些能提振人心的东西。见到这荒凉的情况,韦南齐做了他唯一能做的事:他创造一部假想的摩托车,还有一只虚拟的黑猩猩名叫巴尼。

为了娱乐他的战囚同胞,韦南齐一有机会就"骑"着车在错综复杂的监狱中溜达、表演把戏,动不动还会摔下来,正如大家的期待。大部分的守卫认为他心智失衡,但他的战囚同胞很爱这招。很快地,韦南齐配起音效,最终这个秀热闹到守卫命令他停下来。他们解释说,这样对其他囚犯不公平,因为他们不像你有摩托车。

幸运的是,守卫拿走他的假想摩托车后,韦南齐还有巴尼陪伴他度过孤寂的囚禁与无数的盘问。巴尼说了些侮辱抓他们的人的话,每次都直接跟韦南齐说,其他所有人却都间接知道。守卫确信自己在和一个心智衰弱的人打交道,也跟着玩了起来,有时候他们会叫韦南齐重复巴尼恶毒的回嘴；一名守卫甚至为此给巴尼倒茶，但韦南齐回绝了；而他之后却和战囚同胞大大取笑这档交易。从俘虏的角度来看，这些滑稽的行为虽然古怪，却是韦南齐和他的战囚同胞能享有的最大娱乐了。这些努力最终为他赢得银星奖章，这是战时军队成员所能获得第三高等的勋章。

囚犯不是唯一常使用幽默面对死气阴森环境的一群人。医生也是整天暴露在鲜血、污血及普遍的忧郁中；同样地，他们对此所采取的处理途径似乎是笑。

《第二十二条军规》（*Catch-22*）对于战争的意义，就好像医学界的《上帝之屋》（*House of God*）一样。以塞缪尔·闪（Samuel Shem）为笔名，斯蒂芬·伯格曼（Stephen Bergman）这部小说集中在一群医学实习生挣扎于处理医学上的压力与复杂性。他们为无趣却又急性的病人创造新名字，例如"糕麻"①，暗指把难搞的病患"撵"到别的团队。他们甚至会自杀，还有偷偷把病人安乐死，全都是对工作施加在他们身上的极大压力的反应。虽然没有战争来得极端，这些实习生的处境十分紧绷，生命的去留全凭他们做的决定。

医学界充斥着幽默，甚至在有些你从来没想过的地方。《罗宾病理学》这本教科书将间质性肺气肿描述成皮下组织膨胀成"拉警报却通常无害，像米其林轮胎的外观"。同一本教科书还警告，食用生蚝罹患肝炎的概率是万分之一，所以医生应该警告嗜食生蚝者一次不要吃超过 9999 颗。《默克诊疗手册》将胃胀气排放（也就是放屁）分成三大类：滑屁、括约肌开枪屁和断奏屁。

如果这些例子感觉还好，让我们有些难以决定这算不算幽默，

---

① "糕麻"原文为"Gomer"，即"滚出我的急诊室"（get out of my emergency room）的缩头字。

考虑下面这个真实的故事：一群医学专业人员讨论如何处置一个生来就有严重神经缺陷的婴儿。这些医生讨论了无数的测试，根据小孩的情况，考虑所有他们能够搜集到的信息。虽然很快明白，这样的处境是没希望了，但是没人想当第一个放弃的。最后，有位医生终结了这场辩论："你看！比起当二垒手，他更像是二垒垒包。"

哇！好险家长没在旁边听到这句话。但这不是重点。这医生并不是要让自己表现残酷，他做的是美国散文家乔治·桑德斯（George Saunders）说的"迅速说出真相"。这个术语用于描述库尔特·冯内古特《五号屠宰场》一书，书中使用平实直白、不加修饰的幽默来描写战争的崩坏。这个词的意思是"不用华丽辞藻表达真相"。桑德斯这么诠释："幽默就是用比我们习惯的速度更快也更直接地告诉我们真相。"换句话说，将一个垂死挣扎的婴儿比拟为一块运动器材，好笑的原因和它恐怖的原因如出一辙——他表达了一个概念，而概念恐怖到我们向来不习惯用这么直接的方式传达。

大多数的例子中，病态幽默的目标并不明显。医学界幽默，尤其是跟死有关的那一类，不是在开病人玩笑，而是在开死亡玩笑。有个老故事，也是真实的，某天晚上，一群在急诊室工作到很晚的医生，大家决定订个比萨来吃。凌晨 3 点已过，外卖还是没来。这时一位护士突然带进一位中枪的伤患，打断了他们的抱怨。医生们很快地认出伤患就是送比萨的人，显然他就在这附近送订单时中弹的。医生们努力了几小时要救活他，甚至打开了他的胸腔为他破裂的心脏做治疗。但是他们的努力付诸流水，那小伙子还是死了。

失去伤患让他们疲惫又消沉，其中一位医生终于问了大家心中的问题。

"你觉得比萨怎么了？"

另一位医生往外看，发现了那个盒子，盒盖朝上，就在急诊室大门几步外。他拿回食物,放在同事面前的桌上。

"你觉得我们应该给他多少小费?"

这个小费问题实际上是要传达什么呢?我相信它说了几件事。第一,就是我们全都会死,而那些无关紧要的事像是给小费,却会在我们离开后仍持续着。第二个就是,活着是相当特别的情形,不应该浪费,就像比萨。第三件事是,就算是最无辜的人,死亡还是会到来,并把他带走;但是如果我们不会放任不管,它就无法让我们害怕。死亡是大敌,不是比萨。而人脑能表达这所有复杂概念的唯一方法,就是笑。

有对象的笑话

网络这类信息来源使得非科学家也能获得脑科学的最新发现。例如,镜像神经元这种大脑细胞,会在我们自己采取行动时激发,也会在我们看见他人展示同样行为时激发。它们甚至会在有人探取食物、和人握手或捡起书时激发,但它们不会分辨是我们自己正在做一样的事情或是在远处观看他人执行。镜像神经元发现于20世纪90年代,现在也为人所熟悉,部分原因是它们如此神奇。现在有许多科学家宣称这些细胞负责辨识他人的意向,甚至有可能是同理心的来源。

但从神经科学的意义上来说还有一种更令人兴奋的神经元,这种被称作梭形细胞的神经元近来渐渐获得大众注目。这种细胞(科学上称为冯埃科诺莫神经元,以罗马尼亚神经科学家冯埃科诺莫为名)相对罕见,只出现在大脑中的几个区域,其中一个就是前扣带回。它们的外观也很不寻常,是一般神经元四倍之大,还有极长的突起。而且除了人类之外,在少数几种物种中发现了这种神经元,也就是我们智能最高的猿猴邻居如大猩猩、红毛猩猩,以及其他一些高等哺乳类如鲸、象。

那它们做些什么事呢?镜像神经元负责同理心,而梭形细胞则负责社交觉察及情绪控制。研究指出当出现情感与情绪时,它们能快速且直觉地更新我们的反应。长长的突起使它们可以有效率地横跨大脑中广大的区域来做沟通。它们在人出生后才出现——不像其他大部分的神经元在产前便已发育,它们的发育受环境因素影响,例如社会互动的质量等。最后,梭形细胞只在大脑拥有认知与情绪思考的动物中发现。这些拥有梭形细胞的动物中,只有一个共同的区域出现梭形细胞,这里也是梭形细胞最普遍发现的地方——前扣带回。

在本章我们看到,冲突可能是情绪性的也可能是认知性的。当我们体验冲突情感,我们需要调解这样的情感,并建立情绪管控。因为梭形细胞生来就是为了快速且广泛的沟通,完美符合这个目的。

关于前扣带回,先前没有提到的是它并不是单一的个体。它分好几部分,很像比较大的脑,而其中一个最重要的分区是背侧和腹侧切面(背侧和腹侧是从拉丁语 *dorsum* 和 *ventralis* 来的,分别代表"顶部"和"底部"的意思)。这两个切面分别划分出前扣带回认知性和情绪性的部分。前扣带回顶部——也就是背侧,大多处理认知性冲突;而底部——也就是腹侧,则集中在情绪上。

现在我们回到第二章的斯特鲁普作业——读出与其字体颜色不同的文字,通常会激发前扣带回背侧;但另外也有个情绪版本的作业,叫作情绪斯特鲁普作业。举例来说,情绪斯特鲁普作业不要受试者报告中性字词如蓝的字体颜色,而是用像"谋杀""强奸"等字词。这些震撼性的字词和测验没有关系,但不管怎样,前扣带回腹侧还是会察觉,发送警告信息给大脑的其他部分——不要信任这个研究员!

梭形细胞有可能是传递警告信息的关键，它们出现的位置集中于前扣带回腹侧，这里负责侦测这类情绪性信息。在另一个处理情绪的关键区域额脑岛中也有梭形细胞。这让它们非常适合处理社会情境的冲突，尤其是那些包含混杂或矛盾的情绪。前扣带回腹侧和额脑岛两者也会在经验同理心、罪恶感、欺骗还有幽默时变得活跃。简单来说，这两个大脑区域特别用来处理乱糟糟的情感。

乱糟糟的情感这件事对幽默来说相当重要，因为混乱的情感带出了另一类型的冲突感，也就是个人冲突。有时候我们没有特定的笑话对象，但通常我们的喜剧会导向特定的人。在这些场合幽默是个人的，包含对特定人群的情感，甚至可能是羞辱。虽然我们还没精确鉴定出哪些神经反应涉及这类互动，但随着梭形细胞的发现，我们可能离目标不远了。细长的突起和情绪中心的相互连接，使这些细胞得以接触多样的情感，进而协助我们突破复杂的情绪反应。触发这个反应的一个方法就是说笑话。

> 有一天，以色列外交部长大卫·利维的秘书无意间听到收音机广播，有个疯子在繁忙的耶路撒冷通往特拉维夫的高速公路上逆向行驶。这可是他老板必经的道路，女秘书马上打电话到老板车上要警告他。"只有一个疯子吗？"老板对她吼了回去，"他们全都逆向行驶！"

这个笑话要靠你对利维的认识有多少，虽然许多读者可能不清楚；但我把它放在这里是因为它强调了两种类型的幽默。首先，这很明显是个羞辱，在笑话的结尾，我们对利维有些许的清楚印象，就是他是个蹩脚司机、不怎么灵光、可能还有些死心眼。这个笑话也是政治讥讽，因为利维是位公众人物，他是走极端的人，这使得笑话更加好笑。

在20世纪晚期，利维是颇负声望且极具争议的以色列政治人物。只有八年级教育程度的利维，在与温和的国家右翼政党利库德党结盟之前，早已开始致力于建设。在经历数个内阁职位后，他在政坛上已有一席之地，但是几个不幸的个人特质一直拖他后腿。其中一个是他经常带着严峻的表情，为人又浮夸自大。另一个是他从未学过英文，处理国际关系相当吃力；就算是母语，也常常会出现口误，这让他看起来相当驽钝。最终，他变成了政治人物愚蠢又自私的象征，只要是大众想听的，他们什么鬼话都说得出口。

进入 *Bedichot David Levi* 的浪潮吧，这是希伯来文"利维的笑话"的意思。根据耶路撒冷希伯来大学撒拉蒙的记录，这个现象席卷了以色列及邻近国家。他们开尽利维的玩笑，包括他的智商、傲慢，以及最重要的，他自以为是的态度。这些笑话变得非常普及，甚至连《洛杉矶时报》的记者都曾写过一篇文章，猜想他是否能克服这些笑话。以下这则是特别受欢迎的一篇：

> 一个男人走近利维，他说："你听过利维最新的笑话了吗？""不好意思，"利维回答，"我就是利维。""不要紧，"这个男人回应，"我会慢慢讲。"

乍看之下，这可能只是另一波冲着一个简单目标的政治幽默。同样地，在20世纪90年代早期，几乎每个人都在说奎尔的笑话。奎尔、克林顿、佩林等名字也许能很容易地取代这些笑话中利维的位置，然而笑话还是会一样好笑吗？

虽然语言的差异使我们很难回答这个问题，但仔细观察可以发现，这些笑话背后的幽默更为繁复。其中之一，利维不是在以色列出生，而是在摩洛哥；身为摩洛哥犹太人，他代表以色列政治中的一个新派系。直到利维崛起前，以色列一直是犹太复国主义独大，然而当利维——一个来自东方的犹太人坐大，来自传统伊斯兰国家的力量开始改变以色列社会的种族平衡。利维经常强调其种族根源，但这只加深伴随改变而来、日益增长的紧张关系。利维人格的面向显然让他容易被揶揄，但人们感觉到新、旧社会的冲突也占很大部分。利维经常抱怨关于他的玩笑是受潜伏的种族主义驱使，也许这样的指控是有效的，因为无止尽的玩笑话总算是结束了。

针对美国受欢迎公众人物的笑话也很容易找到，虽然大多数和种族主义没有关系。在20世纪80年代末期到90年代早期，奎尔的笑话人气很高，美国正着迷于金钱和权势。在里根当家的那些年，一个以财富作为终极地位象征的时代业已来临，不论是赚来的或是继承的；而来自两代富裕出版世家的奎尔正是后者的完美典范。虽然他靠自己闯出一番成就，大家还是认为他不谙时势、驽钝平庸且与一般美国人脱节。虽然奎尔不会拼马铃薯的英文这件事肯定不是他最大的败笔，但是在一个美国人正群起反抗权贵阶级的时候，他的从政之路注定要失败。

20世纪90年代是克林顿笑话的全盛期，而20世纪初期则是佩林的笑话。无论是克林顿饱暖思淫欲；或是佩林超级亲民的民粹思想与她在智能上的严重赤字呈现强烈对比，这些被嘲讽对象的形象，都是和社会发生冲突之后为大众所赋予的。为什么美国人如此沉迷于这些笑话，唯独遗漏另一个人物卡特呢？其实卡特当然没轻易地躲过，在20世纪70年代晚期的华盛顿，"花生总统"也是几个茶余饭后的笑话之一，但将其他因素考虑进去，这样的笑话相对来说却是少之又少。尽管油价上升、通货膨胀、伊朗人质危机等，导致卡特总统被评为近期历史上最无能的总统之一，但关于他的笑话很稀少，主要是因为卡特不是个会引起冲突情绪的人，得人缘、重伦理又聪明，基本上来说他算是个好人，但比起领导西方世界，他比较适合和平任务。

政治笑话如此受到欢迎，是因为这些笑话是以大多数人对于公众人物的混合情感作为素材，但如果那些情感是关于更大的族群呢？如奥巴马和金里奇角逐大位时，遭到揶揄是预期中必然的过程，然而，老墨笑话和波兰人笑话又该怎么说？关于更大的社会或伦理族群的这些笑话，又说出了这社会的什么事呢？

在我成长过程中，波兰人笑话有一人堆。虽然大部分都不怎么恰当，但几乎每个小孩或大人总会知道一两个。(如：要在波兰人的可乐罐底部印什么？从另一头开罐。怎么才能让波兰人的手指受伤？就朝他鼻子揍上一拳)。

每个国家总有一个或数个大家喜欢嘲讽的对象。俄罗斯人嘲笑乌克兰人；澳大利亚人嘲笑塔斯马尼亚岛人；加拿大人则嘲笑纽芬兰人。大抵来说，这些笑话常在笑人笨，但有时候也会笑人脏或不文明。这些对象看起来像偶然挑选的，或只针对威胁祖国繁荣的地位低下族群。但事实并不是这样。

笨蛋笑话神奇的地方在于随处可见，被嘲笑的对象通常不是最没文化的一群，而是恰恰在主流外的那些人。我们会开他们玩笑，因为他们只和我们有些许的不同，这样的幽默有助于舒缓生活在多元社会下的压力和焦虑。说实在的，当波兰人的笑话极其流行之时，美国人又何曾受他们威胁呢？如果这些笑话出现在一百年前，才需要认真看待。大家取笑波兰人，是因为波兰人和他们身边的人不一样，但文化差别又没有大到会危害现存的文化规范。

如果这种诠释是错的，也就是说种族笑话真的是在找受践踏族群的碴儿,那这些笑话的内容就不重要了。但要再强调一次,事情不是这样的。虽然在美国,说波兰人、爱尔兰人或意大利人愚蠢或肮脏,我们都觉得同样自在,但是跨了海就不一样了。在英国的酒馆里,不用花太多时间你就可以听到有人说爱尔兰人是蠢蛋;却可能要沿着哈弗斯托克山走很久,远离伦敦才会听到英国佬说爱尔兰人不干净。为什么伦敦人不会挪揄外国人的梳理打扮习惯呢?

侮辱笑话透露出关于讲者的信息,其实比笑话的对象还要多,最明显的范例就是美国的"肮脏笑话",这种笑话在海外几乎没有。(为什么意大利的男人要留撮小胡子呢?为了要看起来像他妈妈。)你绝对不会在瑞士听到这个笑话,尽管瑞士人经常开意大利人玩笑。有什么不一样呢?"关键在于美国人和加拿大人有洁癖,这是他们的价值观,"戴维斯说,"在英国或其他地方,整洁与否只是个人的选择,你多干净取决于你的情况,东西就该干干净净,只因为不干净会导致不好的结果。而在美国,这却是个道德标准。"

在英国,没有人会开爱尔兰人或比利时人梳理打扮习惯的玩笑,因为那里根本没人在意。这又再次证明侮辱笑话中透露出说笑者的内涵其实比笑话的对象还要多,因为这展现了前者真实的价值观。并不是说意大利人或法国人病态地肮脏成性或不知道刮胡刀为何物,而是因为美国人的洁癖。对美国人来说,大家都是肮脏的,开这种笑话比较不是为了侮辱他人,而是要处理他们自己关于个人卫生的感受。

诸如此类的论述听起来像是不科学的猜测,某种层面上来说的确如此;但这对于人类学家和社会学家仍然相当重要,因为幽默的趋势难以量化,又可能过度分析。考虑这篇由罗杰·亚伯拉罕斯(Roger Abrahams)与艾伦·登德斯(Alan Dundes)于 20 世纪 60 年代发表的文献回顾。亚伯拉罕斯是一位英文教授,登德斯则是民俗学家，他们一起研究一股持续增长的幽默浪潮横跨美国的现象：大象笑话。"在当时，我们可以注意到大象笑话的潮流与黑人公民权利运动的崛起同时发生，"他们写道，"这两个迥然不同的文化现象紧密相关；事实上，我们甚至可以说，大象就是白人眼中美国黑人的映照，黑人主张其政治与社会权利，已重新触动某些原始的恐惧。"

换句话说，这两位作者是在暗指白人喜欢大象笑话，是因为他们害怕黑色人种。这篇文章接着考虑几个大象与黑人可能共有的特征，包括阴茎的尺寸。

当然，在这里需要澄清一下，那只是一些20世纪60年代种族歧视的字眼和刻板印象。话虽如此，虽然这样的分析过了头，还是能看出侮辱幽默所透露出说笑者的内心，比笑话的对象还要多。进一步再用一个主角较不敏感的例子来结束本章。我们来嘲笑一些律师吧。

> 你怎么才能让律师不淹死？在他落水前朝他开一枪。
> 给房子盖屋顶需要几位律师？要看你把他们切得多薄。
> 拦下一辆行驶中的公交车需要几位律师？来几个都不够。

你听过这些笑话吗？就算刚好不是这几个，你应该也听过其他类似的。因为在最近几十年来，律师笑话在美国成了人气最高的一种。20世纪50年代一个关于幽默类型的研究发现，在1.3万个经常出现的笑话中，关于律师的笑话微乎其微，甚至没有计算的必要；但是在20世纪90年代晚期，已有超过3000个网站纯然是为了分享律师笑话而设。相较于227个医生笑话网站与39个会计笑话网站，关于律师的笑话数量有着大幅度的增长。

当律师笑话在30年前暴增时，它们因为既受欢迎又夸张的暴力而恶名昭彰。看看上面展示的三则笑话，全都涉及谋杀，没有一个和法律有任何关系；没有一个说明为何律师该遭受如此的痛斥。难道律师天生就是特别招人怨的一群人吗？也许吧，但无数社会学家指出，律师在其他国家的声誉其实更糟糕。譬如说在荷兰，以对律师敌对的态度而相当闻名。但是由荷兰社会学家特奥·梅德尔整理的 3.4 万个笑话和幽默的小故事中，只有五个是以律师为对象。

在 20 世纪 80 年代，美国法院体系有些改变。那十年为美国带来喜好斗讼的恶潮以及几近倍增的律师人数。1992 年 2 月 27 日，丽贝克在新墨西哥州阿尔伯克基的麦当劳汽车餐厅点了一杯咖啡。拿到餐点离开后，她不小心将咖啡洒到大腿上，全身 6% 面积的皮肤惨遭三度烫伤。虽然丽贝克一开始只要求对方支付约 2 万美元的医疗账单费用，但这件案子最终告上法院，而丽贝克获得将近 300 万美元作为补偿和惩罚性赔偿。

丽贝克和她的律师只是试着改变连锁速食店的做事方法，好让他们的产品安全，因为先前已经有七百多起类似的事件了。但是民众群情激愤：麦当劳的咖啡本来就应该要够烫。只是打翻饮料到大腿上就会让你成为百万富豪，这也太不像话了吧？唯独在美国，一个人人都想变为成功、高薪的专业人士的地方，大众才会对律师有这么矛盾的情感。一方面，我们想赞美他们，为了他们保护无辜、维系法律而且是人生胜利者。另一方面，我们希望要是有人在我们家外的人行道跌倒的话，他不能告我们疏忽。在社会中扮演这么醒目的角色，律师将自己暴露于他人的崇拜和恐惧中。这就是《第二十二条军规》的翻版，不管爱他们或恨他们，律师还是一直会在那儿。我们唯一的选择就是笑他们。

从这个方式来看，我们看到幽默具有重要的社会功能，帮助我们处理哀伤，还有解决对知名人物的冲突想法。这可能也是生活在一个社会化的社会下的结果,让我们用更为成熟的方式克服困难,而不是像我们的祖先用棍棒来解决。俄罗斯心理学家席尔维兹(V. I. Zelvys)讲述了一个加里曼丹岛迪雅克部落的故事。他们部落内部时有战事,包括猎人头。每当这些部落要发动战争,他们总会先彼此靠近,以小争吵开场,用最猥亵的方式咒骂。这些侮辱的内容令人毛骨悚然,充斥着摘除四肢、粗暴地扯开私处。也有颇为私人的内容,包括对床上雄风冒犯性的评论。我们还可以在古代北美和意大利发现类似的传统。在这些地方,仪式化的侮辱甚至搭配特殊旋律的音节,使其成为诗歌的一种形式。只有当这些侮辱对战告终,才允许展开任何实质的战斗。

我猜想,会不会有时候这种侮辱对战变得太热烈,导致两帮人马真的开打了。就像给死去的比萨外送小弟小费的病态幽默和笑话,这些吼叫对战具有社会目的;对加里曼丹岛迪雅克部落来说,目的就是延缓暴力,就算一会儿也好。在现代社会,这个目的已然改变,它帮助我们处理与悲剧有关的愤怒和哀伤,还能整合我们对知名人物的冲突意见。在这些困难情况中很容易发现幽默的价值,就像医生有时必须开他们最无助的病人的玩笑。幽默不见得要残忍,也不见得要很伤人;有时候它只是我们唯一的反应方式。

第二部

为了什么?
幽默与我们是谁

第四章
特化是给昆虫用的

> 没有幽默感的人就像没装上弹簧的马车,道路上的每个小石子都使它步步颠簸。
>
> ——亨利·沃德·比彻(Henry Ward Beecher)

> 我对荒唐的事物有纤细的感觉,却没幽默感。
>
> ——爱德华·阿尔比(Edward Albee)

切换主题的时候到了。在前三章我们专注于幽默"是什么"的问题。幽默是什么?为什么有的东西会让我们笑,有的就不会?目前为止,我们已经看到幽默有几个独特的构成要素,像是冲突、解决;但现在该是时候转移阵地到我称之为"为了什么"的问题上了:幽默有什么效用?为什么我们的大脑不采取更简单的手段将冲突转化为愉悦呢?在我们内部这所有的争辩,似乎是一种没效率的办事方法。当然,假如我们的大脑简单一点、运作得更像电脑一些,我们就会成为比较开心、比较快活的人?但事实不是这样的。为了回答这些问题,咱们来认识 A. K. 这个 16 岁的女孩吧。她去了加州大学洛杉矶分校医学中心，希望找到治疗癫痫的方法，还希望能在离开时找到让她发笑的大脑确切部位。

A.K.

"这匹马很好笑。"患者 A.K. 惊叫着回答医生的问题。医生刚才询问她为什么在笑，她却答不上来。在她面前，医生拿着一张马的图画，虽然没多特别，对她来说却似乎极为可笑。她也不知道为什么。

医生接着向她展示图片，要她阅读一段文章并移动手指和手臂。当她做着这些事的同时，另一位医生靠近她头部，在她刚好看不到的地方做些什么。而 A.K.（我们只知道她名字的起首字母）明白第二位医生正在探测她的大脑。医生们正试着找出为什么她周期性地发病，唯一的办法就是鉴定出她大脑中的哪个区域出现故障了。她始终不懂的是，为什么身体总是摆脱自己的控制。

A.K. 又开始笑了。再一次，医生问了她为什么。

"你们这些家伙就是这么好笑，这样站在周围。"

助理随着测验进行，记录每个互动。同时 A.K. 的身体持续发出非预期的运动；前一刻她的右腿才刚震颤，下一秒她的双臂便抽搐起来。好几次她发现自己无法说话或回答医生的问题，而她不知道为什么。接着，又发出莫名的笑声。

医生探测 A.K. 大脑区域的辅助运动皮质，以微米的距离侦测大脑并定位哪里出了问题。他们发现病情源自她大脑的内侧额叶区，这里距离控制言语、运动以及发笑的部位不远。虽然 A.K. 从来没有在发病的同时笑出来，但从解剖结构上看来，她的大脑明显将这些行为归类在一起，受影响的运动区恰好坐落在控制发笑的区域旁边。

从这方面来看，A. K. 算幸运的；许多患者真的会在发病时同时发笑，但这样的结果可一点都不好笑。一位来自印度的中风患者突然发现自己在笑，15 分钟后她失去了说话能力还有身体右半边的感觉。另一位患者是 47 岁的男人，动脉瘤破裂修复手术后开始发笑，一笑便是 20 年停不下来。还有珍娜，来自英国的 24 岁患者，一辈子无法控制地大笑，一天最多笑 15 次。"笑就像爆炸一样，"描述起最近才靠药物治疗控制下来的症状时，她是这么说的，"一分钟前一切都还正常，接着我就开始笑了。就这么无法抑制地笑着，真的非常古怪。"

病态的笑有非常多的名称，几乎和它本身的症状一样多变，它们听起来全都像《哈利·波特》里的邪恶咒语：*enuresis risosa*（这是"咯咯笑失禁"的拉丁文）、*fou rire prodromique*（这是"突然的狂笑"的法文）、*risus sardonicus*（又是拉丁文，这次是"恶魔的微笑"）。但是最常见的名称是 *gelastic epilepsy*（痴笑癫痫），这个术语取自希腊文"笑"和"发病"两个单字，神经学家同意这个词最能精确描述这种情况。所谓发病，就是无法控制过于活跃的大脑活动。对于像珍娜一样的患者，就以笑的形式表露。

病态的笑告诉我们许多关于大脑的事，它显示幽默是如何囊括许多不同部位的互动。就像我们之前提过的，笑与幽默之间的关联性，就好像某个症状与其潜在疾病，都是内在冲突的外部表露。虽然冲突常常以笑话的形式出现，却不是一定如此；它可能由压力、焦虑导致，而在病态的笑的个案身上，则是由于神经损伤产生的过量大脑活动。大脑中为数可观的不同模块与之间的许多连接，让我们成为适应力极高的物种，但我们也比较容易有异常行为，像是无法控制的发笑，因为有太多方式会让大脑垮掉。

这可能就是和病态的笑有关的疾病如此多变的原因。像珍娜的情形是迸发不包含任何欢愉情感的笑，另一些患者在自发性笑的同时感到狂喜，更有一些患者陷于愉悦和痛苦的矛盾中，这种不幸的情形被称为痛觉失认（Pain asymbolia）。有些个案中，病态的笑伴随认知缺陷，如智能或记忆降低，另一些则没有受到这额外的冲击。诱骗大脑让我们不恰当地笑似乎有一百种方法，但没有办法从一个病人身上猜到下一个病人身上会发生什么。

拥有如此模块化及交互连接的大脑有好也有坏。物种倾向分为两大群：专化型和通才型。专化型只有在它们高度适应的环境下才能茁壮；哥斯达黎加蟗斯便是专化型的最佳范例。它们靠伪装成当地开花植物的叶片躲避掠食者；如果把一只哥斯达黎加蟗斯从它的家移开，很快你就会有一只死掉的蟗斯。专化型不限于昆虫和其他简单的生物；例如树袋熊也是专化型。它们的饮食只由桉树树叶组成，所以只能在大洋洲东部和南部找到。除非你去动物园，否则你不会在欧洲，甚至在澳大利亚塔斯马尼亚很短的距离外找到它；因为桉树也是专化型。

人类居住在欧洲、塔斯马尼亚甚至南极洲这件事，显示我们是多么极端的通才型。我们的拿手绝活是智能，经历世代发展让我们有能力适应环境。大脑是我们生存的利器，不仅让我们能适应环境，还能进一步改变环境。可是当它坏掉的时候，也会使我们做出奇怪的事情，好比说不恰当地笑。这是拥有这么多分工部位的不幸结果。

要是把这些生存策略比拟为刀具——我确信这也是你正想到的类比；如果说树袋熊是面包刀，那人类就是瑞士军刀了。瑞士军刀不只切面包，还可以用来打开瓶盖、撬开软木塞、锯断细枝。它不是完美地适合其中任何一项任务，但是不管要它做什么，它就是能做到。

这也解释了我们极端的变异性。有这么多特征、这么多交互作用的脑区给予我们这种极富适应性的智能，人们还有许多差异的空间。沿用刀具的例子，厨具店威廉索诺玛网站上展示了他们提供的24种面包刀，看似很多，但是内置随身碟的瑞士军刀系列就有那么多种了，更不用说所有种类的总数一定有好几百种。

我不是在试着向你推销瑞士军刀，但要知道的是，复杂是有代价的，也就是不可预测性。这意味大脑出错的机会增加；就算我们大脑运作得完美无缺，它也会依个人癖好行事。本章要探索那不可预测的结果，也就是个别差异。这些差异，没有比幽默感更能清楚表示的了，这就是为什么幽默感仍是检验我们到底是谁的最佳方式之一。

状态与特质

素来少有能计算幽默的定量公式。当然，惊喜与内部冲突很重要，但我们怎么可能测量得出这些东西呢？这根本是天方夜谭。话虽如此，仍有人愿意一试。好比说德克斯想出这个颇为巧妙的公式：

$$幽默 = 自身特征（特质 + 状态）\times 失谐 + 解决$$

乍看之下，这活像一串瞎凑的字。自身特征？那是什么？然而仔细研究后可发现德克斯确实有所斩获。

我们先从公式后半段的失谐和解决开始吧。我们先前讨论过，令人惊喜的事物（失谐）会使我们笑，而且让人不得不用不同的角度来看事情（解决）。这些概念与前面描述的**推断**和**解决**这两阶段相呼应。然而我的看法是，解决扮演的角色其实更为重要，或者说所有的概念都因它而生；不过，先不管我自己的看法，从失谐和解决这两个要素中我们可以看出，所谓有趣的事物总是冷不防地击中我们内心，同时扭转我们看世界的观点。

现在我们来研究公式的前半段，它说幽默也取决于自身特征。自身特征又包含两个构成要素：一个是特质，另一个是状态。一旦我们理解这公式里的元素，应该就能见识到幽默的成分是如何相互作用，对吧？

我的身高约 173 厘米、体重约 82 公斤。只要一吃薄荷，我就会打喷嚏最少三次。这些细节准确描述我长大成人后的样子，所以它们是特质。特质不会变化，至少变得不快；我们常把它视为固定的。将这些特质与下面这些做个对比吧。写到这里，我的左脚踝隐隐作痛，想起今天早上，放家里三只狗出门溜达，收容所捡来的五岁混种狗梅纳德在脚边穿梭使我绊倒，结果害得我现在有些躁怒，忍着不去责骂热情的梅纳德。你看，这就是状态，当然它很快就会起变化。好比说当我脚踝不疼了；或是当梅纳德做了什么搞笑的事，像是忘了自己是条狗，还四脚朝天，像猫一样发出呼噜声的时候。

这个例子是用比较迂回的方式来说明人的情绪随时在变，但我们还是拥有一些普遍不变的先天特质；两者对幽默都有很大的影响。举例来说，许多宗教人士的幽默感就很差。这么说似乎一竿子打翻一船人，但至少科学上支持这个看法。根据天主教鲁汶大学比利时心理学家瓦西利斯·萨罗葛劳（Vassilis Saroglou）的研究，他先评估了近 400 位受试者自陈报告的虔诚度，并给他们多种幽默感测验。结果发现，自诩宗教信念越强者，社会幽默感越低。此外，或许是幽默的轻松天性，与虔诚男信徒的精神信念相抵触带来不安，常使他们说出无法收拾的笑话。

如你预期，检视人格特征与幽默感之间关系的研究不胜枚举；

但往往缺乏创见,所以我无意多做探讨。说真的,发现生气蓬勃的人比那些苦瓜脸常说笑话,会很意外吗?不过,有个实验特别点出除了好心情的正向影响之外的其他重要因素,关于我们如何思考;我指的是保罗·皮尔森(Paul Pearson)做的研究。皮尔森身兼心理学家与大英漫画俱乐部会员,他让60位职业漫画家填写艾森克人格问卷(EPQ)。结果发现那些最不像会说笑的人所说的笑话,有时候反而最好笑。

EPQ或许是最广泛使用的心理评估法,在此值得解释一番。此法由汉斯·艾森克(Hans Jürgen Eysenck)在妻子西比儿协助下设计出来,用来评量气质中被认为是与生俱来的三个关键面向。虽然包括艾森克本人在内,没有人认为这三个特征绝不改变,可是大家也能接受这些特征在人的一生中相对稳定,因此这个评量还是非常有用的。

第一种气质面向称为外向性。它是落在外向到内向两极端间的一点,描述我们是喜爱从环境中汲取能量或偏好独处。而外向性也与寻求感官刺激紧密联结——外向的人倾向从环境中寻求刺激,好让自己不无聊;而内向的人却因焦虑的天性,趋向较安静的场所。如果你常感到需要受人群簇拥、也爱冒险犯难,那你可能是个外向者;反过来说,如果这些事让你觉得很辛苦,那考虑自己应该落在区间的另一端。

第二种气质面向叫作神经质,也就是情绪稳定到神经质间的落点。这个指标评量平常感受到焦虑的程度以及面对忧郁、紧张、罪恶感时受影响的程度。神经质与"战"或"逃"反应紧紧相扣;神经质的人由于太容易感受压力与焦虑,导致这种反应快速启动。相形之下,稳定性高的人受到压力时,较常冷静以对。

最后一种特征是精神质,恰与社会化的概念相对比。精神质高的人武断自负、善于权术而且非常教条主义,这使他们在外咄咄逼人、缺乏弹性。他们甚至可能铁石心肠、怀有敌意且鲁莽。睾丸激素常被指为造成这些行为的元凶，这或许解释了为何超过三十个国家做的研究，都发现男性平均的精神质程度都比女性要高。

要先澄清一下，这些特征并没有影射任何病理的意思。精神质可能是种诊断，也可能只单纯描述人在两极端间的落点。还好仅是如此，因为在艾森克的研究中，漫画家在神经质和精神质两项的分数比一般民众高出甚多，从焦虑和攻击性的角度来看，这些艺术家是有些"激动"。更令人惊奇的是，这些艺术家的外向性竟然无异于其他大众；这个发现之所以令人惊奇，是因为如果要我们预期幽默与哪项人格特征可能会有联结，那就是这个人有多外向了。无数实验都已显示，外向的人比较常说笑话，也比较会欣赏好的笑话。那么这到底是怎么回事？难道漫画家比较特别吗？

显然不是这样的。结果显示，有创意的人普遍获得相似的评估结果。职业音乐家在神经质和精神质两项的分数向来比业余者高；画家、雕刻家也是如此；尤其是精神质，成就愈高的艺术家此项分数往往越高。大量的统合分析评量有创意的专业人士，从职业舞者到尼日利亚的兽医，发现最能描绘成功科学家和艺术家特征的一项因子，就是高度的精神质。

像这些基于科学研究归纳出的结果，伴随的问题是他们评量的往往是不同的东西。有些研究员的研究对象是职业艺术家，另一些是学生，还有一些是两者都有。有些科学家让受试者填写问卷来评估人格特质，另一些则是去测量像笑之类的东西。若没有积年累月执行深度分析作业，很难做比较。好在有些科学家像鲁赫一样，愿意为我们做这些事。

研究员进行的研究常常只包含一到两个实验，其中只有几个不同的测量值，这是因为科学研究很花精力。除了找受试者，还有实际操作上的问题,像是要给什么测验、发表前收集数据要花多长时间等等。这些都让德国心理学家维利巴尔德·鲁赫(同时也是幽默研究国际社的前主席)所做的研究更让人印象深刻。他了解若要明白人格和幽默之间繁复的联结,必须综合许多结果。所以他不只把幽默的目标放在单一族群,而是研究了超过100名年龄介于17岁到83岁之间的成人。他也不仅仅做一两个人格测验,而是检测了12个。而且他不执行调查或问卷,而是让受试者去实地操作。举例来说,某个测验中指导受试者看15幅漫画,然后在30分钟内尽可能地想出更多幽默的标题。他知道标题在品质上会有差异,所以他让一组独立的观察者为每个标题的机智和原创性评等。

从鲁赫的发现可以很清楚地看到:外向的受试者最幽默。越外向的人想出的标题也越多;他们最生气蓬勃、最不严肃,也是最常在自我测验报告中自认为有幽默感。简单来说,有他们在的地方就充满欢乐。

而精神质分数高的人,其结果颇为不同;他们在严肃程度这项得分低,而且想到的标题较少。然而,他们写下的标题品质使自己鹤立鸡群。确切来说,独立观察者评判他们想到的标题,显然比其他人的还要有趣。所以说,武断自负、善于权术配上教条主义可能使你比较不常说笑话;但至少这些笑话一出口,会比较有趣也比较有机会让人笑。

这些发现有助于解释,为什么有些研究找出某些人格特征和幽默之间的关系,而有些却没有。只去评量一个人说多少笑话是不够的,因为数量和品质这两件事非常不一样。我们都认识一些人,他们喜欢说笑话娱乐周围的人;有时候他们很好笑,但有时他们就是很烦。我不是在说一定要是个心理不平衡的人才会说笑话,或是所有好的喜剧演员必然患了精神分裂症。我的论点是,当我们同时在大脑中，以及与周围的人"培养"冲突，才比较有机会找到自己幽默的一面。同样地，至少在谈到幽默的时候，大脑过度活跃不是件坏事。我们之前看过，要让笑话好笑，恰到好处的尖锐语言很重要：太少的话，我们会觉得无趣；太多的话，我们便被麻痹了。

可想而知，精神质的人（再说一次，我没有影射任何病理意义）相较于他人而言，较容易用鲁钝或者是社会不认可的说话方式来说出好笑话。但我们还没有考虑好笑和拥有好的幽默感之间的差异。我们都知道，当笑话呈现在我们面前时，能够享受笑话和会说笑话这两件事是不同的。这是一个鉴赏对上产出的问题。真的有人在"听懂笑话"这件事上，比其他人厉害吗？

答案是"有的"；而且这部分的解释也和大脑过度活跃有关。有另外一群人对欣赏幽默的敏锐度很高，因为他们的心智比周围的人来得活跃，我们称他们为感官刺激寻求者。

感官刺激寻求的人，可以想成是结合三种艾森克的所有关键人格特质。他们像外向者，非常容易兴奋，而且总是在寻求新的社会环境；然而，他们没有那么重视社交。真正的感官刺激寻求者不在意他们的行为是否对自己或他人有害；如果不谨慎克制，可能导致危险的生活形态或反社会行为，使得他们不只是有些神经质。还有，感官刺激寻求者也像精神质的人，他们的睾丸激素经常较高，而睾丸激素正与药物使用和性行为高度相关。某种意义上来说，感官刺激寻求就像把人格的转盘刻度转到十，然后任凭筹码掉下来。

我们之所以了解感官刺激寻求者对幽默特别有感觉，是因为我们在他们大脑处理笑话时从中看出端倪，尤其在理解荒谬幽默这种难懂的笑点时（例如，什么东西是黄色的而且不会游泳？推土机！）大多数人会用"安静"的大脑反应荒谬幽默，主要是因为我

图 4.1 荒谬幽默的范例。使用于显示感官刺激寻求的个体处理无厘头笑话时,大脑经验了高度活化的研究

们不确定该拿它怎么办。但在感官刺激寻求者中,我们会看到不一样的反应;因为他们会把这看成是一种挑战,而导致**更多**的大脑活化。此种形式的幽默,会让他们尽其所能地试着去看懂这个笑话;而因为笑话根本荒唐莫名,他们的大脑所能获得的锻炼也就没有极限。所以说,假如你想知道朋友之中,是否有人对荒谬持有特别高度的敏锐,向他们展示图 4.1 的漫画吧。消极又懒惰的大脑会马上放弃如何让图合理化,而感官刺激寻求者的大脑则会持续努力。

另一些将人格特征与幽默欣赏相联结的研究,着实让人感到既怪异又惊奇。列夫考特发现,幽默感强的人比较有环保意识。马丁和凯珀发现,合乎高度 A 型特征,像是雄才大略、坚守期限的男人,比起他们慵懒闲散的同事,更能享受笑话(可是女人就没有如此差异）。之后还有一些骨子里就很怪异的研究，像这个研究的题目"幽默与肛门"，可谓恰如其分；它想检验弗洛伊德的理论，也就是笑是我们处理诸如排粪等敏感主题的方式。根据弗洛伊德的说法，生命中有一堆东西受到禁制，排粪就是那些受禁制的东西之一，因为这件事起源于排放废物的需求，同时也保持自身干净与条理。一个人若感觉自己需要控制一切，那他就是肛门性格的人。根据这个研究，这种人特别喜欢以下这个笑话：

一个焦躁的妈妈冲进药房，尖叫说她手里的婴儿刚刚吞下了一粒5.59厘米的子弹。
"我该怎么办？"她大叫。"给他喝一罐泻用蓖麻油，"药师这么回答，"但是不要拿他指着别人。"

肛门性格研究偏好上述那一类的笑话与极度组织化之间的关系，不过我并无意在此讨论结果，主要是因为我觉得这个主题很可笑。但是大家都应该会同意，我们人类是个复杂的物种，每个人都不一样，包括我们喜欢便便笑话的程度。说穿了，幽默感可能是将我们区分开来的绝佳方式，它可以帮助我们更了解自己，以及我们到底是什么人。

比较好的性别

"美国中产阶级社会中的女人，第一，不会说笑话。她们注定会毁掉笑点，而且总把事情的顺序搞混等等。还有，她们'听不懂'笑话——这已是公理。简而言之，女人毫无幽默感可言。"
在马里兰大学工作的我，身边总围绕着绝顶聪明的女人。根据

2007年美国国立卫生研究院的调查，在生物医学科学中43%的博士后成员是女性。心理学和社会学这些和我相同的领域中，数字甚至更高。所以，说女人是小众简直错了，至少在学术界不是这样。然而比起男人，她们仍经常受到较少尊重、薪水较低，而且常听到如上的以偏概全言论。

更令人诧异的是，说出这段话的人竟然不是男人，而是女人，一位在该议题上颇受尊敬的人物，名叫罗宾·莱考夫（Robin Lakoff）。她是卓越的社会语言学家和女性主义者，经常撰写性别间的语言差异。上述那段文字是断章取义的结果，莱考夫真正想表达的是女人和男人沟通的方法不同，导致她们在男性主导的环境中常遭误解。这是因为她们说的话没有分量，也不能说笑话，至少不会达到跟男性一样说笑的效果，这么一个重要的社会功能因此遭到剥夺。这样的想法颇具争议，但确实提出一个重要的问题：女人比男人要无趣吗？

我很难相信真是如此，但是这个问题的确突显几个重要的男女差异，包括他们如何沟通。许多性别差异过于隐晦而难以辨识，但是幽默可不隐晦。幽默很直接，而且在辨识性别差异上很有用。如果女人真的在说笑话上略逊一筹，那么这件事到底说明了些什么？

最大宗的几件性别与幽默的科学研究之一是由心理学家，也是著名的笑的研究员罗伯特·普罗文（Robert Provine）操刀。就像我们第一章见过的怀斯曼一样，普罗文想在日常生活的场景下检验幽默，不过他对笑话没兴趣，而想看看男人和女人在笑的频率上有什么差异。为此，他派助理到公共场所偷听人说话、在派对上听人交谈、在地铁上做笔记、监听在食堂里点咖啡的人：全都是为了搜集普罗文称为"笑语录"的东西。终于在将近一年之后，他们搜集到超过一千则这样的事件，普罗文总算能说出谁在日常的场景下比较常笑了。

他发现女人比男人常笑,其比例高出 126% 之多。所以说女人毫无幽默感肯定不对。女人和其他女人谈话时产生最多笑声,占所有语录的 40%;男人和其他男人谈话时产生的笑声约只有上述一半。除此之外,女人在混合型(也就是男女之间)交谈中比较常笑,而且谁在说话并不重要。不论是男人或女人在说话,女性笑的概率约是男性的两倍以上。

这些数据揭露了女人的确会笑,而且也会享受好的笑话,即使原因可能和男人不同。在男人之中,不容易出现笑声,也许是为了维持男子气概,或者是他们天性就较为沉默。但是,男人常引起周围的人笑,这可远比他们自己笑来得容易多了。把两个女人放在房间里,她们很快就会一起笑;但是如果不同性别混合在一起,那扮小丑的总是男人,而女人则是听众。

也许这解释了为什么女人比较少踏入职业喜剧领域。在 20 世纪 70 年代,职业独角喜剧的女性喜剧演员的比例将近 2%,而到 20 世纪 90 年代升为 20%,现在则接近 35%。不过最后一个数字有可能是骗人的。布里德巴,一位曾为杰伊·莱诺写作的喜剧演员,曾出现在电视节目《真人秀:喜剧之王》当中;这个数字是他在纽约市"开放麦克风"之夜,靠着计算出场的女性表演者所得到的。但这和专业场景相去甚远。"真正在工作的专业喜剧演员比例可能低很多……因为从出道到赚钱要花上好几年,"布里德巴指出,"而且,或许只有 1% 的人会达到职业水平。"

为什么女人在喜剧的世界里如此挣扎?找出原因的一个方法就是来看看喜剧艺术家和喜剧演员的大脑。目前为止我们已经看过当人们在处理幽默时,会启动一些大脑区域,包括几个与冲突和奖励关联的部分。然而,我们还没有去细看每个人的模式是否都一样。也许男人和女人的大脑种类不同,而这就是使他们觉得好笑的东西不一样的原因。

艾伦·赖斯（Allan Reiss）是斯坦福大学精神病学和行为科学的教授，他对幽默的兴趣从一个简单的问题开始：什么东西触发猝倒症？猝倒症是一种疾病，大约每一万个美国人就有一人受影响，症状包括偶然突发的随意肌控制丧失。虽然这和本章一开始描述的癫痫发作不一样，但结果可能同样棘手。猝倒事件开始通常伴随脸部肌肉的松弛，接着膝盖和双腿虚弱无力，肌肉开始痉挛，说话开始含糊，最后整个身体便垮了下来。然后遭遇者只能等着，躺着无法移动却完全清醒，咒语解除前就只能这样等着。赖斯知道许多猝倒事件从笑开始，这件事使他纳闷，为什么对大脑的情绪反应我们知道得这么少。为了明白这个疾病，他必须研究当我们觉得事物好笑时，大脑发生了什么事。

首先，他让十位男性和十位女性看四十二幅漫画，同时用 MRI 扫描监测；然后请他们为每一幅的好笑程度从一到十分评等。一半的漫画先前已经被评估为好笑，而另一半则是不好笑的；通过这个差异，赖斯希望能够比较大脑基于笑话品质的不同反应。除此之外，他对其中一些漫画做了细微的修改，刚好足以毁掉它们的笑点。"哪些非常微小的改变是必需的，这个问题让我为之着迷。"他事后如此报告，"光是改变标题的一个字词，就能造成极好笑与完全不好笑的漫画之间的差异。"

一如预期，不论是男性或女性，赖斯发现被公认与处理视觉影像有关的区域以及处理幽默相关逻辑机制的额叶区域，都显示强烈的活化。男人与女人觉得好笑的漫画数量也相似。然而在其他方面，他们有很大的不同。举例来说，女人在左额下脑回这个对语言很重要的区域，显著地较为活跃。这个区域包括对产生语词和言语是必需的布洛卡氏区。

女人处理幽默时，有另一小组区域显示较高的活化，也就是多巴胺奖励回路。第一章讨论过，那里是我们吃巧克力或理解笑话时，负责让我们愉悦的区域。不论男性或女性在处理笑话时，都会启动这些区域，只是女性启动的程度可高得多了。若是她们觉得笑话非常好笑，这样的活化甚至还会再增加。对男人来说，除了那些移除好笑部分的笑话会导致活动**降低**之外，对所有笑话都保持适度活化。

"这些结果有助于解释先前的发现，即女人在幽默使用及欣赏上异于男人。"赖斯于期刊文章发表后不久，在新闻稿中如此宣布。女性额叶中语言和推理中心较活跃，意味着当阅读笑话时，女人脑中分析机器的忙碌程度比男人更为强烈。这暗示了，要不是女人用比较开放的心态来看笑话，使她们在笑话一开始，大脑运作就跃升；就是她们在笑话结束时，为了想要解决而在认知上投入更多。赖斯比较喜欢第一种诠释："大脑活动的差异，比起（女人的）实际经验，似乎与她们的预期更有关系……女人似乎对于奖励的期待较少，这个测验里的奖励就是漫画笑点。一旦当她们触及笑话的笑点时，便会对它感到更满意。"

从两性对预期的差异，我们得以了解两性如何看待生活。男人总预期很多，所以当他们得不到时就会不爽；女人则预期很少，因此只消得到一点点东西就很开心。当她们一"听懂"笑点，奖励中心便亮了起来，因为愉悦来得如此令人惊喜。女人笑得比男人多，不只是因为她们的大脑比较活跃；她们笑得多是因为心态比较开放。

女人用比较开放的心态来看笑话，有没有可能是因为男人预期自己说的所有笑话都能逗女人笑呢？抑或因为是男人所做的，使她们笑得理所当然呢？两个解释看来都有可能，不过还有第三种选项，这也能澄清为什么当女人身旁有男人在的时候，她们笑得比男人不在时要多。也许莱考夫说得对，她宣称女人对于幽默较为敏感，因为她们太常被歧视了，笑是她们唯一的防御。肯定没有人能否认幽默经常包含性别偏见。

性别歧视笑话是特别受到争议的议题；关于这个主题已有太多著述，反而很难知道要从哪儿开头。例如说，我们知道女人讨厌开女性受害者玩笑的笑话，也知道她们讨厌物化性别的幽默。话虽如此，我最喜欢的调查是，比起《纽约客》里的漫画，男人更喜欢《花花公子》的；而女性则没有特殊偏好。事实上，这么说有些过度简化，因为那个研究探讨的内容比这些事还多更多；不过它真的发现男人给《花花公子》里性别歧视漫画评等的好笑程度，比起那些较偏重新闻性的期刊中"相对纯洁"的漫画，足足高出25%。

目前为止，说女人不是性别歧视笑话的爱好者，没人会感到惊讶；但这并不意味她们就是比较敏感的性别。譬如这个来自怀斯曼笑笑实验室实验的笑话，是个女人嘲笑男人的罕见例子：

> 某人的老公走向其中一台那种会告诉你运势和体重的投币式算命机前，并投下一枚硬币。"听着，"他亮出一张小小的白色卡片对老婆说，"它说我精力充沛、爽朗精明、足智多谋，而且是个伟大的人。""是呀。"他老婆点点头，"它连你的体重都报错啦。"

在怀斯曼的实验中，只有10%的男人觉得这个笑话好笑，你可以想象这评等有多低。至于女人，嗯，评等高上许多。

没有人喜欢被嘲笑，男人女人都一样。但还有个比性别歧视笑话对我们行为的影响还要更广泛的问题：性别歧视笑话是反映性别偏见，还是创造了它？

心理学早已确立刻板印象对我们的信念具有强烈且负面的影

响。举例来说，研究显示，在搞笑短剧中看到以刻板印象描摹的作为负面角色的非裔美国人，会让人在现实生活中对这个族群快速采取负面态度。暴露于这种刻板印象中，甚至可能会增加因为子虚乌有的犯罪，而诬告非裔美国人的可能性。

根据西卡罗来纳大学的托马斯·福特（Thomas Ford）针对性别歧视态度所做的研究，性别歧视幽默同样也使大众对女人有错误的看法。福特先评估受试的成年男性既存的性别歧视观念，问他们同意或是不同意像"女人通过控制男人而寻得权力"这样的陈述。由这些评估，将每一位受试者分类为具有低度或高度的性别歧视。接下来让其中一些受试者阅读一系列针对女人的性别歧视笑话（例如，你怎么知道刚刚有个金发妞用过电脑？因为电脑死机了，屏幕一片空白！）还有同样具有攻击性但不是针对女人的笑话（例如，打高尔夫的人和玩高空跳伞的人有什么不一样？打高尔夫的人是，砰的一声……该死；而玩高空跳伞的人是，该死……砰的一声）。至于其他作为对照的受试者，则阅读一系列不包含幽默的故事，故事分为无性别歧视和有性别歧视两类。

为了看看性别歧视笑话和故事对受试者的态度所产生的影响，福特描述了美国国家妇女会这个致力于妇女政治、社会地位提升，以及妇女议题的组织；并要求所有男人想象他们要捐款给这个组织，最多 20 美元。他们不用投入实际的金钱，只要想象自己这么做就可以了。最后他们选择付出的金额就是福特评估结果的指标。

当他分析数据时不考虑受试者的既存性别歧视观念，笑话看来对他们投入这个组织的金额没有影响。然而，当他将性别歧视低分和高分的人的反应区别开来，一个非常不同的景象就出现了。

福特发现，相较于低度性别歧视受试者，高度性别歧视受试者愿意投入美国国家妇女会的金钱少了许多，但只有在他们读过性别歧视笑话之后。无性别歧视的笑话和不幽默的性别歧视故事，对他们的捐献都没有影响。为了确认他的发现，福特改变了实验设计，他虚拟了一所大学里有个与女性相关的学生组织，问受试者应该要削减该组织多少金额。结果是相同的：高度性别歧视受试者提倡削减的金额幅度最高，但也是只有在他们读过性别歧视笑话之后。

如果你的感觉和我一样，你可能觉得这些结果令人惊讶，甚至有点吓人。性别歧视笑话看起来的确比大张旗鼓地厌恶女性还更能暗中作恶。幽默甚至可能会比偏见更有效率地挑起意见和情绪，因为它是在意识觉察之下的层次运作的。换句话说，借由"逃过雷达的侦测"，幽默放大既存的偏见信念、声援这些信念使它不受到公开质询。

正因为结果揭露了幽默能有多大的影响力，福特的研究是反对刻板印象驱策幽默很好的论证，连律师笑话也算。话虽如此，唯一有影响的是我们针对这些族群，是否已持有偏见的态度（事实上，那些低度性别歧视受试者看了性别歧视笑话之后，反而愿意给予美国国家妇女会**更多**钱）。但是，就像我们目前看到的，幽默总是包含两面信息：有些是幽默作家说出来的，而剩下的所有东西都没有说出口。当那些没说出口的东西很伤人或带有偏见，用个笑话把它偷渡进来是最简单的方法。老话一句，还是意向的问题。

特化是给昆虫用的

在接近本章开头时，我谈了有关特化以及我们人类如何通过扮演极端的通才型，得以演化至现今成功的位置。该是回到这个主题的时候了，它让我带出有史以来我最爱的一段话：

人应该要能够替换尿布、策划侵略、宰杀肉猪、懂得掌舵、设计建筑、写十四行诗、平衡收支、砌起高墙、接骨疗伤、慰藉逝者、接订单、下订单、与人合作、独自行动、解开方程式、分析新问题、投撒肥料、设定电脑程序、烹煮美味的一餐、有效率地战斗、英勇风光地死去。特化是给昆虫用的。

这段话出现在罗伯特·海因莱因（Robert Heinlein）的《时间足够你爱》，这是一本科幻小说，描写一个 2000 岁的男人因为活得太久而失去走下去的意志。我的一生到目前为止，已经达成海因莱因清单上的 13 项；除非我花些时间到农场或者是染上某种致命疾病，剩下的我不太可能全部完成。我喜欢这段话是因为，它展现生命可以如何千变万化，而我们大脑变得何等美妙变通，让我们准备好迎向生命中不同的挑战。

这里还有另一句，或许是海因莱因更加为人所知的一段话："当人猿学会笑，它们才会变成人类。"我也喜欢这段话，因为这影射笑是我们之所以为人的一部分。在后面几页中，我们将检测这套理论，但不是借由判定人猿是否拥有笑的能力，其实正如我们所见它们会了；而是通过检视我们复杂的人类大脑发展，达到具备笑的能力的整个方式。除了亚里士多德外，几乎不会有人主张还没发出第一声笑的婴儿没有灵魂，但是我认为大家都会同意，不同年纪的人会对不同的事物发笑。这个变化告诉我们许多关于认知发展的事，以及我们的大脑已变得多么复杂与"人性化"。

例如我们最初几个发展的关卡之一："物体恒存性。"它的意思是，能够辨识这个世界是独立于我们知觉而存在的这种能力；也就是知道当我们闭起眼睛，这个世界并没有消失。婴儿要到两岁才能完全领会这个事实，这也是为什么蹒跚学步的小孩很爱玩躲猫猫。在我们的发展中有段时间，看到东西不见的意思就是它永远消失了；一段时间后我们才认清，就算看不到人和物，他们也持续存在着。在这两个时期间有个过渡期，这时大脑会体验到冲突，也就是混淆错乱及犹豫不决的片刻。不再喜欢玩躲猫猫的小孩，或许是已然熟悉物体恒存性的概念；而那些还是会被这游戏吓到的，大概还没搞懂这把戏。

从结果来看，人猿不只会笑，它们也具备相当牢靠的物体恒存性概念，另外如狗、猫以及渡鸦等几种鸟类也具备。举例来说，如果你把食物藏在栅栏后面，然后把栅栏移开，就算过了很长的时间，上面这几种动物仍辨识得出食物还是在那里。你有没有读过科学家宣称狗比猫聪明这种说法呢？物体恒存性的测验正是他们做此宣称的理由，因为狗在这种测验上的表现稍微比猫好一些。渡鸦也是几种鸟类中表现比较好的。

检验儿童的幽默能让我们看出，他们处于认知发展的哪个阶段。物体恒存性之后，儿童的大挑战是成就"心智理论"（Theory of Mind）。它的意思是将心理状态归因于他人的这种能力；也就是理解他人拥有的信念和意向与我们是不一样的。简单来说就是克服自我中心的能力。

六岁以下的儿童无法判断谎话和笑话的差异，因为他们缺乏心智理论，无法辨识两者并非同一件事。同样的道理，他们也不明白讽刺和挖苦的意思。这些情况都是字面上的信息和想传达的意思不一样，听话的人必须考虑说话者的动机与意向才能辨识这点。典型的未满六岁的儿童不明白他人能够和自己有不同的意向，所以挖苦陈述中的幽默便遗失了。有个研究发现，许多年约13岁的儿童无法辨识口语评论中的挖苦，尽管他们已经能体会到这些评论本身是不正确的。

我从来没换过尿布，这是海因莱因清单上的第一项；我也从来没养过小孩。但我有许多朋友带过小孩，他们异口同声地宣称，看见他们的孩子刚好在转变为受荷尔蒙支配的十来岁少年之际，娴熟于挖苦的艺术，这真是残酷的命运。

儿童最后几个主要挑战之一是"运思"（Operational Thinking），意思是抽象推理。在前几年我们学习操弄环境中的物体，甚至将它们组织和分类。最终，我们学会用符号代表这些物体，而当我们技巧越发纯熟，便能对我们看不见摸不着的东西——像是数字——做出一样的事。那些会叫宠物狗作"猫"或对照片中的人说"嗨"的小孩，都是企图表现幽默，这些小孩本质上是在打破才刚学不久、利用抽象名称指称具体事物的规则。他们正利用表征异于物体本身这个事实在玩游戏。

发展当然不会止于儿童期，而是朝整个生命期延伸；这意味着幽默的偏好也会在生命中改变。正如大部分的人是从个人经验中学习，老化的一个关键面向就是丧失认知的弹性，用开放、弹性的心态来学习新事物与接触新情境变得比较困难。另一个结果是，我们开始停止顾及别人怎么思考，这对我们的幽默感有不容小觑的影响。

为了探索何以如此，让我们来看德国心理学家鲁赫做的另一个研究；这是他目前最大的研究，超过 4000 名年纪在 14 岁到 66 岁的受试者参加测验。鲁赫一开始先给受试者做幽默感问卷，其中的幽默分为两种类型："失谐解决幽默"，包含前面所描述的传统惊喜和解决两阶段；"无厘头幽默"，也包含失谐，但因为内容荒唐，所以无法成功解决。我们曾看过这种笑话：为什么大象坐在棉花糖球上？因为它不想掉进热巧克力里。

测量过受试者对两种幽默类型的偏好，并做了额外的人格评估之后，鲁赫分析这些数据，以决定这些偏好是否会随年龄改变。结果不出所料，它们真的会变。他发现当人的年纪越大，越不喜欢无厘头幽默而越喜欢失谐解决幽默。或许是因为到了某个年纪，大家逐渐会预期事物有其道理可言吧。

但是当鲁赫将结果与一同评估的保守性相比，最有趣的结果出现了。正如同你预期的，保守性是很难测量的东西，所以鲁赫只好创造出自己的测验。这个测验由其他人格评估中的数个问题组成，包括询问传统家庭意识形态、孩子的开明教养，以及工作取向等；他的测验能测量受试者对于改变的嫌恶程度，以及从其所处的社会观点来看，他们有多么传统。鲁赫发现，年龄差异的幽默与保守性强烈相关。越讨厌无厘头幽默的人，他们的信念越保守。

这个效应颇为强烈，统计上喜欢失谐解决幽默有90%的变异，讨厌无厘头幽默有75%的变异。事实上，这已强烈到足以提示，幽默的品位几乎只由保守性来驱策。

在写这本书之前，我从来没有猜想过，人的大脑会有幽默的最佳年龄。常言道，不开放的小孩是傻瓜，就好像不保守的大人也是傻瓜；这话说得真有道理，至少从大脑的可塑性来说是如此。年轻的大脑有弹性又很开放，导致他们喜好自由开明及大象笑话。比起大人，冲突对小孩来说比较不是问题，因为它有助成长与学习。可是随着我们逐渐变老，观点也不同了。改变变得比较不受欢迎，荒谬也是；而学习这件事比起让事物适得其所，变得较不重要。这不是一个令人开心的想法，至少对于我们这些处在第二群的人来说；不过这却是一个该认清的重要事实。

幽默的确揭露了我们自身的许多谜团，它可能是让我们认清真实自我的最好方法。这是个引人入胜的点子，我们将在下一章更进一步挖掘。另外，我们之后不会再点名女人、儿童或是保守的大人；而是来看一些根本没有大脑的个体。

第五章
我们的电脑霸主

> 问电脑会不会思考,就跟问潜水艇会不会游泳是一样的。
> ——戴克斯特拉(Edsger W. Dijkstra)

"对人类而言,这将是一局客场比赛。"肯·詹宁斯(Ken Jennings)那时这么说,他是作家、软件工程师,也是电视节目《危险境地》卫冕纪录保持人。这次应节目制作人之邀出赛,对手竟然是一台 IBM 为人工智能研究计划所研发的超级电脑。这个挑战似乎是个有趣的点子;至少在他进到益智节目会场,看到全场观众都支持另一方之前是这样的。那次节目不像往常在洛杉矶拍摄,而是移师 IBM 研究实验室所在地——纽约的韦斯切斯特郡。场灯一亮起,观众欢声雷动;不过他们并不是在为自己的同类打气,而是在为人工智能加油。

"观众清一色是 IBM 的人,程序设计师、各级经理。全都是股东!"詹宁斯说,"他们要的是牺牲者,根本就是罗马角斗士竞技的殊死战。"

这个挑战着实令人却步;詹宁斯的对手沃森是工程界的震撼

弹，大家都认识它。沃森集合了 90 台 IBM 出产的 Power 750 服务器，32 个 Power 7 大规模平行处理器，有本事暂存 16 太字节组的记忆容量（那个单位代表 16 后面跟着 12 个 0）。而且它每秒能执行八乘以十的十三次方浮点运算，意思是每秒它能执行 80 万亿笔作业。简单来说，不管对手丢出水、食盐或是哪种蛋白质，随便什么东西的组成来问它，沃森都能轻松作答。

尽管沃森威力无比，历史上的优势还是掌握在人类手中。IBM 研发出沃森参加《危险境地》比赛，就是因为那里正是电脑向来失败的赛场。沃森纵然有一身超凡的运算能力，但是《危险境地》的比赛就像人生一样纷乱。获胜需要的不只是真实世界的知识，还要具备辨识讽刺、俚语、双关、流行文化典故等各式各样复杂状况的能力。除此之外，还需要有不知为不知的自知之明；换句话说，你不能每次都瞎猜，因为猜错的罚分会累进。

以"我从没说她偷我的钱"这个句子为例。这是 IBM 工程师提出代表歧义的例子，而人类的拿手绝活就是分析歧义。不夸张，光是这仅有九个字的句子就可以传达七种不同的意思①，这个数目实在令人吃惊。如果你不相信，试着自己大声读出来看看，每次分别重读一个字。只要音调曲折，也就是改变重音位置，那么整句的意向就改变了。辨识这类歧义对人类来说不费吹灰之力，但是电脑……嗯，我们姑且说它不喜欢打迷糊仗吧。

第一天比赛下来，詹宁斯的表现比起沃森还有另一位人类参赛者鲁特来得好一些。不过，拥有节目史上最高奖金得主殊荣的鲁特和沃森打成平手，双方都累积到了 5000 美元奖金，而詹宁斯只有

---

① "我从没说她偷我的钱。"（I never said she stole my money.）英文只有七个单词，便可传达七种不同的意思。

2000美元，这时情况便开始失控了。

沃森非但没被模糊或混淆视听的线索绊住，反而还借此大赚积分。它知道"2003年古老的尼姆鲁德之狮从这个城市的国家博物馆不见了"的答案是"巴格达"。"练习曲（etude 源自法语）是为了探索某种音乐上的技术问题而作的乐曲，其名称对应于哪个英文单词"指的是"研习"（study）。虽然如此，它也会犯错；例如，它把加拿大的"多伦多"当成是"美国城市"。但是这种窘态极少发生，比起鲁特的1.04万美元与詹宁斯的4800美元，沃森轻易地赢得35734美元。

《危险境地》新的冠军得主在2011年2月16日，也就是比赛的最后一晚播出时揭晓。参赛者来到最后一回合，沃森已经遥遥领先，而最后一回合的结尾向来是在最后一个线索题下注，赌上一把。最后的问题是，"哪本小说受到威廉·威尔金森的《瓦拉几亚与摩尔达维亚诸邑纪事》的启发"，这题三位竞赛者全都答对（答案是布莱姆·斯托克的《德古拉》），但这不重要了，沃森已经赢得这场比赛。不过詹宁斯留下了最后的惊喜。

他在最终的答案下面写着："我，作为个人来说，欢迎我们新来的电脑霸主。"

这句话是在玩弄《辛普森家庭》某一集的经典台词。故事当中有一位呆头呆脑的新闻主播，相信地球已经遭到巨大星际蚂蚁这样的高等物种统治，决定拍一拍新老板的马屁。他说："我，作为个人来说，欢迎我们新来的昆虫霸主。"还说："还有我想提醒它们一件事，我身为电视圈里值得信赖的一号人物，可以帮忙找一些人到它们的地下糖蜜洞穴做牛做马。"

虽然詹宁斯输了这场战役，却赢得一些人心，尤其是他杀了一记回马枪给刚打败自己的电脑："沃森和顶尖的《危险境地》参赛者有很多相似的地方。它很聪明、动作很快、说话声音平板单调，还有它从不知道女人的触感如何。"

事实上，詹宁斯刚刚就做了沃森永远不可能做到的事，那就是说笑话。沃森运用大规模的运算能力，能够克服歧义的问题，但它还是说不出笑话，因为笑话不只需要辨识歧义，也需要活用歧义。这要求是太过分了，就算对沃森如此强大的机器来说也是。

现今世界上，几乎没有电脑做不来的事情。它能帮我们开飞机、驾车，甚至能做医学诊断。有几件事我们认为电脑根本做不到，其中一项就是像人类一样处理歧义，这就是为什么沃森的成就会令人印象深刻。将这项成就与在 1997 年 5 月打败国际象棋大师卡斯帕洛夫的另一台超级电脑深蓝相比：深蓝能在每一步三分钟出手时限内，检验两亿步棋子的移动，但不必处理像语言一样纷杂的事。国际象棋虽然复杂，仍然是定义清楚的问题：比赛的目的和下一步可能的走法绝对不会有疑问。

然而，沃森与深蓝两者都突显了弹性思考的重要。从沃森诠释隐晦的意义，并对语言学上的可能诠释做出合理猜测等能力，可以看出沃森具备这种弹性思考能力；从深蓝令人吃惊的国际象棋移动中也能看到。过去那些让电脑挣扎的活动，好比说写十四行诗、谱交响曲、说笑话等等需要创意的活动，关键就是弹性思考，这些原本电脑永远做不到的事，难道说它们未来做得到吗？

回头看看 1997 年卡斯帕洛夫与深蓝对弈的第二场比赛，这场最后由电脑胜出。大约进入对战的前三十步，卡斯帕洛夫便体会到自己已陷入困境，所以他决定牺牲一只士兵。吃掉这只士兵会让深蓝有明显的优势；所有创造出来的国际象棋游戏程序都会把它吃下来，连大部分的国际象棋大师也会如此。走这步并没有明显的缺点。但是深蓝没有上钩，而将皇后移动到 b6 的位置，走这一步即时可见的好处比较少，却打破了卡斯帕洛夫东山再起的企图。这一着让卡斯帕洛夫深受震惊，宣称背后必定有人为介入。电脑乃至于功力不到大师级的人，是不可能看出他的计划并且如此有效地抗衡。电脑就是不可能那么有创意啊。

当我写这本书时，我发现一个有趣的现象：只有当给予参赛者**较少**而不是较多的时间思索每一步时，电脑国际象棋程序才享有优势。这似乎与直觉背道而驰。一般会觉得，如果不设限搜寻每一步可能的移动的时间，电脑应该会比人类玩家还强，而不是比较差才对。有这么强的运算能力，多点时间应该是件好事。但不是这样的。为什么呢？其实这和电脑说不出好笑话的道理一样；它们不是纷乱的思考者，它们线性地搜寻解答，而不是让它们的心灵争辩、飘移，直到某个解答无端蹦了出来。如果你不知道如何去看，再多的时间也帮不上忙。

根据前面四个章节，我们已经看到纷乱的思考有些好处。其中之一是幽默。纷乱的思考也有助于国际象棋和《危险境地》比赛，因为它让我们全方位搜寻庞大的可能移动方式或答案，用的是直觉而非演算法。以上各个事例的目标，不是为了导出某种简单的解答；是要产生非预期的联结，甚至是把从未联结过的概念联结在一起。

以上其实全都拐个弯在说明，尽管沃森获得胜利，唯一真的有创意的依然是人类。话虽如此，在电脑智能的领域科学家正迈步向前，在本章我们将会看到他们如何进行。通过幽默，得以让我们一窥创造力复杂且神秘的本质。我们将会看到，这一切与说笑话有什么关系。还有为什么电脑或许不如我们想象的离好笑那么遥远。

第五章　我们的电脑霸主

模式侦测与产生假设

哪一种凶手有道德感？连环杀手。①

我知道这个笑话不特别好笑，但是如果我跟你说这不是人写出来的呢？如果我跟你说这是电脑写出来的呢？

连环杀手笑话只是程序创造的众多笑话之一，你甚至可以自己在线上操作这个程序。只要上亚伯丁大学的网页，找一个叫"说笑话电脑"的计划就行了。这个程序会要你选一个词当开头；这个词就是形成你的新笑话的核心。接着它会再多问几个问题，像是有哪些词和你选的这个词押韵。最后，它就会显示完整的笑话出来。我自己也上网去试过了，得到这个短句：一只诙谐的兔子，你怎么叫它？一只搞笑兔兔②。

同样也没多好笑。不过，把连环杀手笑话上传到怀斯曼笑笑实验室的比赛，实际上它表现得比许多人类创造的笑话还好。它虽然没赢，连边都沾不上，排名在中间偏后；但是也没有因为怪异或无法理解而显得醒目。就笑话本身来说，称得上是个成就。

这两个笑话显示笑话建构有多简单。但也只限于普通好笑的笑话，因为它们只仰赖简单的文字游戏，没有太多惊喜。有人可能认为这些笑话太简单了，很没创意。电脑只是选了一个词，然后找找同

---

① 这个笑话的关键在多义与谐音。"道德感"原文是 moral fiber，fiber 也有"纤维"的意思；连环杀手是 serial killer，原文故意把它写成 cereal killer。cereal（谷麦）与 serial 谐音，也呼应 fiber"纤维"的含义。而"道德感"这个答案与"杀手"之间的对比，更产生有趣的冲突。

② "搞笑兔兔"原文是 funny bunny，有押韵。

义词和押韵词，直到最后想到解答；其中没有涉及太多思考。那么，这样的程序究竟能揭露人类真实思考的方式到什么程度呢？

算是揭露了一些吧。创意行为可以只是用新方法来结合旧概念这么简单。如我们在先前学到的，笑话好笑是因为它迫使我们面临思考上的错误，例如脚本上的错误。当我们创造笑话，其实并不是在发明新的思想或是脚本，而是用新方法联结概念。

"幽默本质上就是一种组合式的创造力。"玛格丽特·博登（Margaret Boden）说。她是认知科学家、萨塞克斯大学信息学教授，也是《创意心灵：迷思与机制》一书的作者。"大象笑话与换灯泡笑话，就是两种容易辨识的类型。你只需要懂得利用新颖的方式联结概念，就可以得到自己的笑话了。至于如何决定为何某个笑话比其他的好笑，嗯，这又是另一回事了。"

这是计算机科学上的经典议题：创造新事物对电脑来说很简单，但要它去评估那些事物是否有用或新颖几乎不可能。这个缺陷在处理幽默上看得最明显，因为要知道一个笑话有多好笑需要真实世界的知识，这是大部分电脑都欠缺的东西，甚至沃森也是如此。举例来说，看看这个由"说笑话电脑"的继承者笑话分析生产机（JAPE）所发明的笑话：哪种装置长了翅膀？飞机库。[①]JAPE 觉得这个笑话好笑的原因是它把"飞机库"看成同属两种类别，它既是停靠飞行器具的地方又是挂衣服的装置。要是我们能接受"飞机库"与"衣架"的拼法有些出入的话，这个点子倒是很准确。不过，大部分的人都知道，那种用来挂衬衫的长条形铁丝，不太算得上是种"装置"。

[①] "飞机库"原文是 airplane hangar，而 hangar 与"衣架"（hanger）谐音，故 airplane hangar 听起来像"挂飞机的衣架"，也呼应"长了翅膀的装置"的含义。

虽然这个笑话正确无误地依照它的公式导出，但是 JAPE 并不成功。原因在于它无法辨识出最后的产物欠缺幽默感。这个挑战或许也解释了为什么有那么多的笑话生产程序，却几乎没有专门用来辨识笑话的程序。要写笑话，你只需要一套策略，好比说操弄韵脚或置换同义词；而这就是线上程序"哈哈字丛"所使用的工具。在这个程序中，储有一个置换词的资料库，利用它就能针对既有的缩头字，找出另一种好笑的解释版本。FBI 是什么的缩写？超棒的恐吓署。MIT 呢？虚拟的神学学会。①

产生笑话的方式何其多种，要一一分类都很困难，更不用说要鉴定幽默的好坏，需要的当然不只是简单把戏。幽默辨识程序向来是通过大量的运算能力来面对这个挑战；就像沃森回答《危险境地》的问题时一样。这样的程序寻找语言模式，尤其是矛盾和失谐；从这个角度看来，它们就是模式侦测者。但是为了要有效率，它们必须存取非常大量的素材，如数以百万计的文本（对比来看，从你开始阅读本书起，已经读了大约 73000 字了）。

名词转移双关语程序，或称作 DEviaNT，就是模式侦测程序的一个例子。这个程序由西雅图华盛顿大学的肖莱·基登（Chloé Kiddon）和尤里·布兰（Yuriy Brun）共同研发，它可以鉴定自然言语中同时具有性爱意义与没有性爱意义的可能字词；明确地说，它搜寻文本并且在有双关语的地方插入"那是她说的"这个句子（这个功能对于兄弟会或是影剧《办公室》的"粉丝"来说相当重要）。DEviaNT 独特之处在于，它不只会创造笑话，同时也是幽默辨识的程序；因为要知道什么时候该"中断"是需要幽默感的。

---

① "超棒的恐吓署"原文是 Fantastic Bureau of Intimidation。"虚拟的神学学会"原文是 Mythical Institute of Theology。

一开始教导 DEviaNT 辨识的是在性爱暗示中最常使用的 76 个字词，特别关注于其中 61 个最佳的婉转用词。接着让它阅读超过 100 万句出自情色资料库的句子，以及数万句非情色的句子。这些句子中的每个字都给定一个"情色"值，接着将这些数值输入一个能区别情色与非情色句子的演算法。并且让它接触大量引述句、淫猥的故事和简讯以及使用者上传的"那是她说的"笑话，利用以上素材作为测验。目的是要鉴定出有双关语潜力的例子。作者指出，这个挑战特别有趣的原因在于，他们并未实际教导 DEviaNT 辨识双关语是什么；只是喂它许多单一的双关语，然后把它训练出肮脏的心智。

DEviaNT 能辨识出题目中大部分的双关语，外加两组出自非情色段落的短句，而这两组的性暗示完全是个意外（"是呀！给了我所有鲜奶油之后，他就不见了。"及"对呀，但偶尔他的洞口真的很有味道。"）；研究员对这样的结果颇为满意。鉴于大部分测验的语言并不是真的情色，DEviaNT 的高准确度尤其令人印象深刻。实际上，它根本是试着在大海里捞针。

不过这是作弊呀，你可能会如此宣称。DEviaNT 并不是真正理解笑话的性爱本质，它甚至不知道自己读的是什么。它只不过是在寻找语言的模式，一个非常特定的类型而已。确实如此，不过这些论证也假设了"理解"除了是想出正确答案（也就是说，辨识出下流笑话的同时，还要知道什么时候该大声说"那是她说的！"）之外，还包含某种特别的心理状态。我们很快就会看到，这是以人类为中心的观点来看事情。或许，我们低估了电脑，是因为我们对于它应该如何思考有太多成见。为了探讨这个可能性，让我们来看最后一个生产幽默的电脑程序吧。这是由北得州大学的电脑科学家拉达·米哈尔恰（Rada Mihalcea）所研发的简短笑话程序。

像 DEviaNT 一样，这个程序通过大量阅读幽默和非幽默的素材，训练出辨识幽默的能力。明确地说，科学家输入了 1.6 万则从各式网站上拣选而来的幽默的"简短笑话"，以及从其他公开资料库取得，且数量相当的非幽默句子。米哈尔恰的目标是要教这个程序判别幽默和非幽默的句子。不过这个程序有两个版本，其中一个版本寻找特定特征，例如头韵、俚语、接近反义词等确定为经常出现在笑话中的特征。第二种版本则完全没有给这些提示，纯粹让程序自己从数以千计的例子中去学习。训练之后，科学家给两种版本新的句子，并要它们鉴定哪些是笑话，哪些不是。

结果，受过训练的版本，也就是告诉它有哪些特征最常出现在笑话中的，表现相对较差，米哈尔恰对这样的结果感到惊讶。它辨识出幽默的准确度只高出些微概率，意味着这些提示不太有帮助。对比之下，靠自己学习的那个版本，使用单纯贝氏分类器与单一向度分类器等演算法，而完全不靠先前知识切入，其准确度平均高达 85%。这个结果颇令人印象深刻，尤其考量到许多人在辨识笑话上也感到困难，特别是简短笑话。

米哈尔恰的发现很重要，因为结果显示把我们自己的规则强加在电脑的思考上，几乎都行不通。我们必须让电脑漫步、踏进新的思想与发现，它才能像人一样"纷乱地思考"。对人类来说，这需要一个大脑；而对电脑来说，它需要的是能辨识广泛模式的演算法。这不只在创造和辨识笑话上不可或缺，对所有的艺术活动也是必需的。沃森也需要有创意；IBM 的程序设计师不去定义沃森使用了哪种解决问题的策略赢得《危险境地》的比赛。他们反而是让它靠自己去学习、去寻找模式，好让它像人类的大脑一样，成为富有弹性的学习者。

或许有些人会主张，人类并不是模式侦测者，至少不是像电脑那样的。你不是唯一相信这种说法的人，不过这也是错的。辨识模式正是人类大脑操作的方式。来看下面这个例子："他实在太害羞了，连换个……时都要放下百叶窗。"当你读了这个句子时，第一个浮上心头的是什么字词呢？如果你正处于幽默的心情，你可能会想到"想法"，这是这个笑话传统的笑点；如果你没这种心情，那你可能会说"衣服"，或者可能是"短裤"。

我分享这个笑话，是因为它阐述了人类的大脑像台电脑一样，是个模式侦测者。**填字概率**是语言学家用来描述基于一般语言使用习惯，将某个语词"填入空格中"有多适合的一个术语。为了测量填字概率，语言学家大量研究文本资料库，决定特定语词出现在某种脉络下的频率。譬如，语言学家知道"换"这个字词通常指的是衣服等实物的置换。事实上"衣服"这个字词出现在我们例子设定下的这个脉络中的填字概率是42%；也是因为如此，它可能是你第一个会想到的词。而用"换"来指非实物，例如想法等，这样的概率就小得多了，只有接近6%。

这些概率和幽默有很大的关系，就像我们已经讨论过的，幽默需要惊喜；在这件事上，就是42%与6%之间的差别。我们的大脑很像电脑，每当我们读一个句子，它便做出迅速的计算；它还常常偷跑，而且会根据填字概率来推论。因此，当我们碰上像"想法"这样的笑点，就需要突然改变脚本。比起"衣服"这个字词，新的脚本跟预期差得多了，所以这样的解决会让我们笑。电脑辨识幽默的运作如出一辙，寻找模式同时也鉴定违背这些模式的潜力。

那为什么电脑在说笑话上，不比人类厉害呢？这是因为它们没有真实世界的知识，所以不知道概率低的答案中哪一个最好笑。在我们这个例子中，很明显地"想法"是可能出现的结尾中最好笑的一个。但是"夹克"的填字概率也很低；事实上，大家会想到"换夹克"的概率大约是3%，是"换想法"概率的一半。那为什么第

第五章　我们的电脑霸主

二个短语很好笑，第一个却不然呢？这是因为我们有大量真实世界的知识；大家明白换个想法不是某种能通过窗户看见的东西。

我们会知道，是因为我们都曾站在窗前。可从来没有电脑站在窗户的前面。

为了明白何以电脑在辨识好的笑话时会如此挣扎，我们回过头来看第二章 EEG 的发现吧。我们学过，人类的大脑面对笑话会引起 P300 和 N400 这两种反应。P300 反映调适反射，也就是注意力的转移，它告诉我们刚才看到的事物是新鲜或非预期的。而 N400 本质上则更具有语意含义，它测量笑点有多令人满意以及在触发新的观点或脚本时有多管用。

在前面几章我们也发现，尽管所有笑话都会引起 P300，但只有好笑的才会引起 N400，因为后者能带来令人满意的解决。相关研究发现，字词的填字概率与其生产的 N400 的大小成反比，也就是说填字概率愈高（我们越容易预期看到这个字），N400 的值就越小。这个大小的差异反映出新的字词有多容易整合到已经建构好的意义中；越容易整合就表示 N400 越小。一开始你或许会认为，填字概率应该会影响 P300 的"惊喜"反应，但事情并非如此。概率低的字词不见得令人震撼，只是不协调。这是前后关系有没有差异的问题；N400 的反应大表示状况正在转移，而 P300 则意味我们纯粹被吓到了，和前后关系无关。

这是很细微的差异，也是电脑挣扎的地方。对电脑来说，没有前后关系这么一回事，有的只是一连串的概率。而这正是人类异于万物之处，也将我们带回第二章的**建构**、**推断**和**解决**这三个阶段。人类大脑不仅仅辨识填字概率，还会筑起假设，并基于新证据加以修正。它总是在寻找模式并建构脉络；而且同时仰赖概率和预期，成为主动的环境操弄者，而不是一个被动的接受者。

为了来看这件事和幽默有什么相关，我们来回顾加州大学圣地亚哥分校的认知科学家西娜·库尔森（Seana Coulson）所做的研究。库尔森想弄清楚人类大脑对前后关系和填字概率两者的敏感性。首先，她给受试者看 60 个句子，其中有一些用好笑的笑点结束，另一些则没有（例如，"她读了这么多关于抽烟的坏处，所以她决定不再**抽 ／ 读**"）。只有那些用笑话结尾的，才预期会带来观点的转移。接着，她改变这些句子结尾的填字概率，将它们分为两类。如果句子中的笑话设定启动了显眼而且填字概率高的结尾，像上面这个例子一样，就把它标记成"高限制"；而那些结尾填字概率比较低的句子，则称为"低限制"。举例来说，"统计数据暗示，美国人每年在博弈类游戏上花了 8000 万元，大部分是花在**摇骰子 ／ 办婚礼**"，这就是个低限制的句子。因为结尾的可能性太多了，而"摇骰子"只是低填字概率中的方案之一。

不意外地，笑点好笑的句子，所引起的 N400 幅度比起那些不好笑的大；但是这个差异只出现在高限制的句子中。这是因为在这些例子中，受试者真实世界的知识已经安排了某些期望和脉络，而笑点却带来一种新的思考方式。填字概率对幽默来说很重要，但是违反自己的预期也重要。我们是模式侦测者，但我们也是**建构者**、**推断者**和**解决者**。电脑无法将这三个历程合并在一起，正是它会挣扎的原因。

在我们进入下一节之前，再来看一次我们与电脑的思考有何不同。稍后我会提出创造力这件事，而幽默只是这种独特技能中的一个范例，这个技能也是我们仍然能够威胁电脑霸主的利器。目前我只想把一个论点说清楚，那就是人类大脑远远不只是一台平行处理器，或是像 IBM 的深蓝或沃森一样，几十台联结在一起的平行处理器。大脑的确像个小孩，无法静静坐着，总是四处张望想看看接下来会发生什么。

电脑的好处之一是它们总会照着指示走：不论任何时间，我们都能叫电脑停下作业并告诉我们它知道的东西。它不会忽略我们的指令；也不会偷偷继续作业，并希望我们没注意到。而人类则完全是另一回事：我们的大脑运作得非常快，而且用非常隐藏的方式，使我们几乎不可能看出大脑到底正在做什么计算。分析笑话尤其困难，因为理解只在几秒内发生。要把笑话读到一半的人拦截下来，鉴定他们正在想什么，这是不可能的。难道有可能吗？

"语意触发"是心理学领域最悠久的研究之一。研究程序相对简单：给受试者一个任务，好比说阅读笑话，然后用一个完全不同的任务打断，间接地测量他们隐藏的思想。例如在他们读完笑话的营造句后，向他们展示一串字母，并问这些字母能不能组成一个真的字词（这叫"词汇判断"作业）。想象自己是一个研究的志愿参试者，实验者指导你阅读下面这段文字："有个女人走进一家酒吧，带着一只拴着链子的鸭子……"然后"S-O-W"（母猪）这些字母便出现在屏幕上，并问你它能不能形成一个真的字词。你要花多少时间才能辨识出"S-O-W"指的是母猪呢？

现在想象自己在读完完整笑话后，给了你同一个任务：有个女人走进一家酒吧，带着一只拴着链子的鸭子。酒保说："你从哪找来这头猪啊？"女人说："这不是猪，是鸭子！"酒保回："我是在对这只鸭子讲话。"

这次你会立刻辨识出"S-O-W"的意思吗？你当然会，因为"猪"这个字已经在你的脑中启动过了。[①]要是没有触发，受试者通

---

① 原文中笑话里的"猪"是 pig，与词汇判断作业中的 S-O-W（母猪）在中文里虽然都有"猪"这个字，但是两者的英文拼法却没有雷同之处。尽管如此，由于语意触发的效应，先看到 pig 仍能促进 sow 的词意辨识。

常要花三分之一秒乃至于三倍的时间才能辨识给定的字词。而有了触发（例如读了上面这个笑话），反应时间会减少四分之一秒。这看起来似乎不多，但在心理学的世界中，这已经是很巨大的效应了。

我之所以提起语意触发，是因为得州农工大学的心理学家维德（Jyotsna Vaid）正是用这个方法，找到受试者修正诠释并"看懂"笑话的精确时间点。以我们范例的笑话为例，至少就有两种诠释。其中一个是，女人拥有一只宠物鸭，而这位酒保猪鸭不分。检查这种诠释的好方法，就是在词汇判断作业中使用"P-E-T"（宠物）这些字母。因为如果这正是受试者心里的想法，那"宠物"这个词应该会在他们心里。第二种可能的诠释是，鸭子能听懂酒保来者不善的问题，而且那女人丑得跟猪一样。就这个来说，"S-O-W"便受到高度启动。

之前，我曾指出笑话变得好笑，是因为笑点造成的不协调使脚本突然改变。例如，医生太太邀请声音粗糙的男人进门，不是要做胸腔检查，而是想来段下午幽会。现在我们正是要找出这种转移发生的确切时间点。不意外地，维德看到当受试者开始阅读时，笑话最初字面上的诠释占了优势；换句话说，他们不得不假设女人拥有一只宠物鸭。然而，当笑点一出现，他们马上就侦测到失谐，此时第二种诠释启动了。虽然如此，第一种诠释并没有消失，一直到笑话结束、受试者有机会笑出来之前，都还保持着。只有到转折的时候，受试者才会决定笑话的方向，并在词汇判断作业中停止选择"宠物"这个字词。从这些结果中，我们看到大脑建构出的假设，有时候一次还不只一个；唯有当更多证据到手，旧的假设才会像烂掉的水果一样遭到丢弃。

这么说，某种意义上我们生来就是模式侦测者，总是纳入新信息并且编织故事。大部分时间那些诠释都是正确的，有时却不见得如此。

而当那些诠释不正确时，有时我们便一笑置之。

转化式创造力

"电脑一直都很有创意。"博登这么说。但是，它未来是否能产生一些概念或是笑话，好让我们确信它真的是有创意，而不会感觉像是人工或是机械式的呢？"电脑已然产生许多备受尊敬的点子，这些点子有的让我们瞠目结舌，有的让我们视如至宝。但我们仍从未见过电脑创造某种令人瞠目结舌的东西之后，自己说：'你不觉得有趣吗？这真是个至宝。'许多系统想出令人瞠目结舌的新颖点子，但如果其中真有几许价值，还是需要人类才能说服我们何以如此。"

博登指的正是创造力的主要问题，这也是幽默研究员的大挑战；也就是，创造力是很主观的。了解笑点何时成功或失败，就像欣赏画作或奏鸣曲一样，需要有评估其价值与新颖的能力。但这样的能力连许多人都欠缺，所以试着想象这对电脑来说会有多困难。我们如何充分证明某样东西是艺术作品呢？我们又怎么知道"飞机库"的笑点不好笑，而送电报的狗宣称"可是，这样一来，整句话就读不通了啊！"就好笑呢？

根据博登的说法，创造力不只存在一种类型，事实上它有好几种。第一种最简单的形式是"组合式创造力"，这种类型就是说笑话电脑等简单程序所显示的。组合式创造力包含了使用不寻常的方式组合耳熟能详的概念，例如，拼凑字词形成双关或押韵。有个好例子，虽然不是特别好笑，就是之前提过的笑点"一只搞笑兔子"

(funny bunny)。你很可能从来没听过这个笑话，说不定根本没有人听过。但这不会改变你看笑话的方式，因为它只是玩弄简单的押韵而已。

第二种类型是"探索式创造力"，是在既存的知识中做新的联结。它和组合式创造力类似，不过在这个类型中我们处理的层级更高了。虽然不在幽默的范畴内，但姑且以保罗·麦卡尼的歌《昨日》为例。这不是披头士的第一首民歌，也不是第一张以大提琴录制的专辑，古典音乐家用这种乐器已经好几百年了。然而，它却是一首现代摇滚歌曲中，赋予大提琴如此显眼角色的作品。当今的嘻哈乐手像蕾哈娜和尼欧，都常常这么用了。

探索式创造力让我们做出前所未见的联结。例如喜剧演员莱特的笑话：昨天百货公司的供电中断，二十个人被困在电扶梯上。这笑话本质上是一种类推：由于电梯跟电扶梯困住人的方法不同，因此让人联想到了美国人都是过重又懒惰的卖场居民这样的结论。大概没有其他喜剧演员做过电扶梯故障与不好动的购物者之间的联结。不过莱特做到了，而且从中得到一个好笑话。

第三种创造力类型"转化式创造力"则是完全不一样的东西，它发生在我们不得不重新建构思考的时候。博登引用后文艺复兴时期的西方音乐，作为一个显著例证。在奥地利作曲家阿诺德·勋伯格出现之前的作品，交响乐总是有一个主调。作曲家有时候会在乐曲间导入转调，不过在结束前总是回到原始调性，如此表示这个作品的主题。这些转调常常会让人感到惊奇，但那并不是我所要说的转化。只有在勋伯格创造出前所未闻的音乐新种类"无调性"时，转化式的改变才算真的出现。尽管一开始有许多人觉得不悦耳，勋伯格跳脱主调的创举迅速被其他人采纳，后来这创举也成为几种交响乐创新的方案之一。

在幽默中，我们也能看到这种变化。独角喜剧演员使用不同途径表达他们的艺术；这种多变正是喜剧俱乐部欢乐无限的原因所在。但不是所有喜剧演员都能改写他们的表演类型。杰里·塞恩菲尔德虽然好笑，而且直白的搞笑方式超级成功，却不会迫使我们用不同眼光看喜剧。而史蒂夫·马丁也无法做到，纵使他是有史以来最聪明，且为舞台增色不少的喜剧演员之一。从另一方面来看，安迪·考夫曼就是转化式创意的天才。他所创造的自我转化，形象栩栩如生，连观众都不知道那是笑话还是真实。他在现场表演时假装和其他演员伙伴及喜剧演员擦枪走火，有时甚至愤而下台。还有一次，他带全场观众到外头喝牛奶吃饼干，结束那场表演。

从来没有人像考夫曼这样创造喜剧，就好像从来没有人像布鲁斯那样说肮脏的笑话还惹毛观众。一百个塞恩菲尔德或马丁这样的人当中，只有屈指可数的考夫曼或布鲁斯。

我们暂时回到大脑的部分，值得一提的是，这种类型的创造力不是由单一大脑区域负责的。一份由 72 篇近期实验所组成的科学回顾文章揭露，在创意的行为中，没有哪个大脑区域是一致活跃的。虽然如此，这些做出新颖联结，或是想象出常人无法想象的事物的人身上，有些特别之处。让他们出类拔萃的地方在于他们静止大脑中的联结性。这项发现是日本东北的一组研究员，观察大脑高度联结的人所发现的。通过测量多个区域的共用大脑活化程度，这些人被证明是较有弹性而且适应力也比较好的思考者。也就是说，联结多的大脑就是有创意的大脑。

拥有一个复杂、喜欢议论的大脑有它的好处。让我们有创意的，不是我们多努力地专注在一件任务上，而是我们大脑不同部位团结作业，并想出新颖解答的效率有多好。而转化式创造力尤其需要这种"纷乱的思考"。要想出新颖又从来没有人见过的概念，并非只是单纯把各个点连成线这么简单。而是涉及错误、歧义与冲突；这全都是因为不顾规则与导引而来的。

但问题还是存在：未来电脑是否可能掌握这样的思考，并成就出转化式创造力呢？我不知道，但是比较明智的做法是去厘清：如果电脑做到了，我们有没有可能辨识得出来。

让我们来看看从俳句的创造中能有什么启示。俳句是精短的三行诗，传统上包含 17 个音节（不过在西式的俳句中，有时音节会比较少）。俳句可追溯回 9 世纪的日本，当时他们创作俳句是为了探索并庆祝重要的宗教主题，尤其是以佛教与道教文化为主。从那时候开始，各个时代的艺术家便广泛地投入这门艺术，使其突破日本文化的框架，跻身成为世界文学的一部分。简单来说，人类到现在应该算是很会写俳句了。那么，这里有个小测验：

　　晨之露
　　这水中含有
　　一匙匙的蜜

　　秋日月光——
　　一只虫无声掘入
　　栗子里

两首俳句中，哪一首是电脑写的呢？哪一首又是历史上最受尊敬的艺术家之一、17 世纪日本大诗人松尾芭蕉写的呢？

很难判断，对吧？事实上，大部分的人都不容易回答这个问题。事实上，第一首在说晨之露的那首俳句是俳句生产机写的。俳句生产机是一个程序，它利用"种子字词"当起始，然后用复杂的字词关联网络完成剩下的部分。而所谓的种子字词，就是从既存的俳句中选出来的开场主题。普遍来说，俳句生产机蛮有效率的，虽然它偶尔会偏离目标。在最近一份比较研究中，让未经训练的受试者来判别程序和人类写的俳句，正确率只有 63%，结果让人印象深刻。

但是，也有些创作烂得一塌糊涂。就如以下这个例子，受试者主张这应该是人类创作的，因为它"笨到不像是电脑会创作的"。但是这个人答错了。

我的妈
一盒牛奶
在找教堂

我们再想想这段推理："笨到不像是电脑会创作的！"这正突显了转化式创造力的意义：也就是能生产一种前所未见的艺术作品这样的能力。如果有个专家说"我的妈"这首俳句是松尾芭蕉的杰作，它改变了艺术家看待这种特殊诗体的方式；那大多数人还会去质疑它吗？这我就不是那么确定了。

俳句不是唯一的利用电脑开发的艺术形式。现在的程序会谱曲、会画图，甚至会创造出很像伊索寓言的故事。举例来说，由萨塞克斯大学的保罗·霍奇森（Paul Hodgson）所研发的程序，便能即兴创作出查理·帕克风格的爵士乐，其音乐与"菜鸟"帕克自己的作品相似度之高，连许多人都无法分辨。此外，还有一个由建筑师汉克·康宁（Hank Koning）与朱莉·艾森伯格（Julie Eizenberg）共同研发的程序，利用弗兰克·莱特（Frank Lloyd Wright）建筑风格的表现手法设计出的新房子，看起来就像是原本的艺术家所设计的。

然而，这些程序仍称不上具有转化式创造力。它们无法突破设限,也不会让我们对音乐和建筑有意想不到的见解而感到惊喜;唯有这些程序灵感的来源,也就是帕克和莱特,他们才办得到。

不能不说有些电脑程序的表现确实可圈可点。有个例子是帕托与佩罗,这个程序不仅会创作漫画,画中的两个主角还会针对最近的电影做评论,让不少人开怀大笑。而且程序的取材只从提供电影简评的烂番茄网站(Rotten Tomatoes.com)。另一个成功例子是艺术家哈罗德·科恩(Harold Cohen)的程序,它的创作令人愉悦,有时候画的是出人意表的线条图画。它的作品甚至曾经在伦敦泰特美术馆中展示,而且还不只是因为看在它新奇的分上。

上述的每一种艺术,都一度被认为太过复杂,机器智能无法做到。但每年都会有某些新程序显示情况不再如此。现在,唯一阻碍我们前进的不再是微芯片的尺寸或是存储器容量,而是我们对创造力的理解有多少。是什么让艺术作品这么有创意?答案虽然主观,但不表示这个问题无法回答。

这种主观性需要艺术家——不论是有血有肉的他或是硅晶片做的它,必须能解释为什么其作品有转化的意义,才能说服我们认可这个风格改变的作品有其价值。这相当困难,不只对电脑,对人来说也是。"历史上,多得是在当代不被认可的伟大范例。"博登这么说,"在这些情况中,艺术家不接受新概念,过了几年后才同意这个概念很有价值。认可这些转化,需要的不仅是世人对它的熟悉度,同时也需要时间和比较。音乐学家所为何来?文学评论家呢?(他们是来评估)像亨利·詹姆斯或者简·奥斯汀这样的作家,他们创作的作品有没有价值。这两位都是非常与众不同的艺术家,我们评估其价值,用的是不同的理由。评论家的工作就是辨识这门艺术和创造力,并且看看各个作品能将他们的专业提升到怎样的境界。"

这件事真的切入问题核心,到底是什么使得作品达到转化式创造力，还有为什么令人感动的原创幽默这么难想出。关键就是情绪冲击；这就是**哈哈**与**啊哈！**（或者是**哈！**）两个刹那间的不同。第一种让你笑，而第二种却让你想到从来没考虑过的事。俳句生产机写的那首"我的妈"俳句之所以达不到转化式创意，不是因为无法突破框架，而是作品欠缺想要成为前所未见或前所未闻的意图。虽然这是一个值得多加留心的概念，但我们还是应该先探讨艺术家的目标。如果说艺术的品质取决于艺术家的意向，那么没有意向，是不是就影射了艺术不存在呢？艺术一定要突破框架吗？还是说它可以纯粹为了娱乐大众呢？在最后一节，我们将探索这些重要的问题，同时也提出，所谓艺术或是笑话的品质，取决于其背后的目标；这件事究竟意味着什么。

不让盐类进来

关于艺术的一切讨论，对于一本在讲幽默的书似乎显得有些沉重。说不定这就是为何大多数人看待幽默的方式仍然与最高法院分类色情的方法一样——吾见之则吾知之。

测量艺术**或**笑话的价值并不容易。在电脑了解人类所面对的歧义与纷乱思考之前，它是不会有能力欣赏任何创意产品的价值的。辨识价值是一种技能，拥有这种技能才能看出一件艺术或幽默的作品是否有所突破，以及艺术家在发展作品时有多努力挣扎。最后这句话特别重要，因为电脑不会努力挣扎。它的思考过于线性，这也是它失败的原因。

美国国家科学基金会旗下人本计算计划的前主任玛丽·马厄（Mary Lou Maher），鉴定出创造力主观评估有三种特定的构成要素。第一种是新颖性，也就是某件事物与它同属的类别中的其他成员有多不一样。我喜欢卡林的作品，他的表演让我笑的次数可能比其他喜剧演员更多。但是当别人问我比较喜欢卡林还是布鲁斯，我总是回答布鲁斯。为什么呢？因为布鲁斯做了一些前人没有做过，甚至没试着想做的创举。他的表演是大家认为不可能办到的，也认为不合法的喜剧。卡林发行他第一张喜剧专辑之时，布鲁斯早已因为遭控猥亵被送进监狱里四次了。要是有人愿意为了艺术经历这些，在我所定义的新颖性上得高分也是当之无愧。

第二个构成要素是非预期性，这和惊喜有紧密关联。萨拉·西尔弗曼（Sarah Silverman）就是非预期性的大师。她是一个充满吸引力的犹太女人，看起来只像是个会说基督教牧师和犹太教祭司上酒吧之类不雅笑话的那种喜剧演员。然而，她说的笑话可能是你听过最粗野的那种；有种族歧视、性别歧视还有相当亵渎神明的笑话。当你看着她说笑，你不禁纳闷这样的语言怎么会出自看似如此天真的人口中。她的用语常令人意想不到，甚至会让人震惊；这也是她的幽默如此好笑的理由。她的文字和传达方式之间的对比，正好展现这样的用语是多么愚蠢而无厘头。

马厄鉴定的第三个构成要素是价值，这反映某件事物从美感与实用的角度来看有多吸引人。这也是最难评估的要素。当我们第一次听到以下这个笑话：为什么婴儿会过马路呢？因为他被用订书机钉在一只鸡上。或许它新颖性的分数相对比较高，而非预期性则些微较低。在鸡过马路的笑话中，这算是不常见的呈现方式，所以显得很新颖；不过我们早就知道结尾会有只鸡，所以削减了它的非预期性。然而，这个笑话的价值性则是低得可以，因为没有人会喜欢这种笑话，会喜欢想象一个婴儿被订书针钉着的人更是稀有。

产生幽默的电脑程序对于价值这点最没辙并不令人意外；它欠缺真实世界的知识，无法了解什么是洞见观瞻、什么能切中要害、什么又非常愚蠢。很多人也对这个准则挣扎良久，不过这就是重点。我们会挣扎，是因为我们的心灵做了假设，然后再度改变，接着更进一步修正。如同怀斯曼在笑笑实验室的比赛中发现，有些笑话对某些受试者来说，价值排名最高，但是对另一些人来说，排名往往最低。这是因为那些笑话将受试者逼到他们觉得不舒服的地方去了。好的笑话，就像演进中的艺术，会让我们质问自己有价值的东西是什么。

有一天，电脑可能会像人类一样思考，可能会发现新事物和说出能转化幽默的笑话；但是如果真有这么一天，它看起来就不会像沃森了，反而必须像人类做这些事情时一样——需要纷乱地行动或思考。最后的结果也不会通过简单的规则或程序便能达成，而是会需要一些完全不同的东西。

我在这里指的是演化演算法，仰赖的就是和赋予我们人性一样的历程——自然选择。不是凭借着计算机存储器内置的程序，演化演算法从简单的事物开始，但接着一点一滴地从次要的地方自我修饰。就像经过自然选择筛选一般，成功的演算法便能留存下来，而失败的那些则会在未来世代遭到取代。利用演化演算法解决问题的电脑科学家，并不明确解答该如何发生，只定义怎样算成功；而所谓成功，则决定在他们希望程序最终要做出什么。

事实上，电脑利用类似的非结构化途径已经好几年了，使新发现得以通过无监督的创新达成。有个成功的例子就是自动化数学家这个程序，这个程序在二十多年前改变了我们看待数学的方式。自动化数学家拥有一个由一百条简单数学规则（全部的规则甚至比掌控加法和减法的规则还简单）组成的初始资料库，还有屈指可数的探试程序。接着，自动化数学家便开始变换这些规则，看看会发生什么事。当规则的变换有效，便予以保留，而没用的便舍弃。遵循这个简单的程序，自动化数学家重新创造了一大群的数学规则。举例来说，不需任何协助，它发现整数、质数还有平方根的存在。它还发现了哥德巴赫猜想，也就是任一偶数为两质数之和。然后它还做了一件有些人会描述为转化式创意的事：它发现一个关于最大可除数的新定理，那些数字连设计程序的人都不知道。

如果说电脑能够只从一些像是"1 比 0 大"这样的基本原理，发现新的数学定理，难道电脑不能演化出说像样笑话的能力吗？

不过等等，你可能会说，连自动化数学家也不是真正有创意。就像俳句生产机一样，它并不"明白"自己在做什么。它做的仅仅是生产输出，而且它不用任何真正的数学知识就做到了。这把我们带向最后一个主题，这个主题直接点出的问题，或许是人工智能研究、也是幽默研发软件的最大障碍：电脑真的能思考吗？

对一本讨论幽默的书来说，这个问题似乎过于哲学，却尤其重要。这是因为，如同我们看到过的，笑话的价值决定于创造笑话时投入的思考。这个议题不是在说，电脑能不能写出卡林的"在电视上永不能说的七个字"；而是说，假如这个桥段**真的**是电脑写出来的；那么这台电脑如果不像卡林那样，是糟糕婚姻关系中的儿子，而且在天主教的家庭中长大；这些条件会不会和笑话有关系呢？这样会让笑话比较不好笑吗？

要回答这些问题并不容易。因为电脑将来会不会有真正的幽默感这个问题背后，我们真正想问的是，它们将来会不会有意识而且能够欣赏自己的有趣笑话。要回答这个问题是个艰巨的任务，也是研究意识觉察很不错的方法。这也带出了一些关于"欣赏"笑话的意义是什么这样的深层问题。若从现象学来看，一个人的幽默经验和他人相同，这样问题就变得很容易；但是没有证据说明事情就是如此。或许欣赏笑话纯粹就是经历我们先前描述过的那些处理幽默的阶段，就是这么一回事而已。然后，最后的解决启动某些观点，最终紧接多巴胺的释放，让人感觉世界真美好，如此罢了。有没有可能生命、宇宙、万事万物对我们的意义不过就是这样呢？

来看一下这个由哲学家约翰·塞尔（John Searle）创造的思想实验：假如你将一台电脑的程序设计成为能回答任何它接收到的中文问题，它的表现很有说服力，每个与它互动的人都相当确定它懂这个语言。那问题来了，这台电脑真的懂中文吗？那假如你和这台电脑一起被关在房间里，给你一沓纸，上面的问题是用中文字写的。如果你用这台电脑去回答那沓纸上的问题，难道这就代表你也懂中文吗？

塞尔的情境称为中文房间思想实验，就是用来突显意向性的议题，也就是行动是仰赖意识的，思想使我们有特定行为。根据塞尔的说法，在这种情境中，你不算懂中文，因为实际上你根本没有涉及中文的思考。这是个有趣的哲学问题，但我无意多谈，因为我觉得这整个主题不是重点。真正的问题是，电脑未来到底会不会用与人相同的方式来思考。对于这件事我想表示，电脑不一定要有血有肉才能有创意。除此之外，我也没有其他答案了。话说电脑一定要看起来像人，思考也要像人，是相当以人为本位的思想。使人有创意或是有感知的，不只是凭着我们是用什么做的；而是与我们成功解决问题有关。从我的角度来看，这件事就已经够有趣的了。

我想用我在研究所第一年的一个故事来结束这一章。时光倒转回到我还是个年轻科学家的时候，那时我正在上阿诺德·沙伊贝尔（Arnold Scheibel）老师的神经解剖学，他是国内最受尊敬的神经科学家之一。有一次，需要有人来检验爱因斯坦的大脑并鉴定他天才大脑的奥秘时，沙伊贝尔便是被选中的人之一。我们常开玩笑说沙伊贝尔发明神经元,而他的确是名列最先发现神经元如何沟通的学者之一。

大家都知道沙伊贝尔博士是个颇为直接而严肃的老师,偶尔会开玩笑,但大多数的时间都在灌输为数可观的信息,并期望学生跟上进度。有天早上,沙伊贝尔在开始上课时宣布,在这节课结束的时候,他要分享近来发现的生命秘密。话才说完,他又继续上课了;而剩下的这段时间,我们纳闷着他是不是认真的。沙伊贝尔不是那种会吹牛的人,他的宣称看起来像是真的。最后,在预定的下课时间前只剩几分钟,他兑现了承诺。

"那么,现在来说说生命的意义。"他这么说着,声音听起来像亚当斯故事中的电脑。

他说:"简单来说,秘密就是,不让盐类进来。"哲学家和宗教学者可以随他们喜好去质疑我们的存在,但是生命有个主要目标,那就是让盐类保持在我们细胞膜正确的一侧。所有的神经元生来就是极化的,也就是说它们相对于环境带负电荷。要维持这个电荷,是不让带正电的钠离子进到细胞体内,而让钾离子和其他的化学物质自由通行。当神经元需要沟通的时候,就让钠离子轻松地进来,形成电流,因而触发化学连锁反应,将信息转移到其他细胞去。如果这个过程坏了,钠离子自由穿梭细胞膜,神经元便不会再作用,那我们很快就会死掉。正是因为这样的盐类运输不可或缺,要是我们的饮食中一点钠离子都没有的话,我们可是拿我们的健康在冒险。而太多的钠离子也很危险,这会威胁心脏健康,导致高血压甚至会心跳停止。的确,如果有哪件事是生命存在就不可或缺的——或者我们换个说法,如果有哪件事,是生命规划要让它长久的,那就是不让盐类进到细胞膜内来。

"就这样,这就是生命的秘密。"沙伊贝尔这么说。课程结束了。许多神经生理学家纯粹称为钠离子泵的东西,就这么被提升成为我们存在的理由。

我很幸运,有次机会和玛格丽特·博登分享这个故事,她就是论述钠离子泵的人,而她相当着迷,但也抱持怀疑。她认为,解答大可说是 ATP。ATP 又叫三磷酸腺苷,是一种不稳定的化学分子,用来储存能量。它负责所有反应,从光合作用到各种生物合成;而且不论物种的种类或复杂度,在任何物种身上都能发现。它提供生物保留能量的方法,以便未来使用。"当然,这不是完美的范例。"博登补了这一句,带着不小的失望,"因为直到最近,他们才发现有种生物能持续取用可利用的能量,我忘记是从哪里了。所以说,不是每一个生物都用 ATP,只有 99.99% 之类的。问题就是出在例外上;因为每当你觉得有个普遍的规则时,某些例外就会跳出来。"

为什么我要分享这个故事,尤其是在讨论电脑产生幽默的这一章呢?也许我想说的是,假如不看人类,要是电脑会演化,那生命的秘密可能单纯就是让电子规矩排好。又或者,我希望你去质问,为什么沙伊贝尔说的生命秘密,不是让钾离子留在里面。

事实上,我想指出的是这些假设性的推测有多可笑;我这么说是为了先向我们的电脑霸主表明衷心,以防最后它们真的征服地球,把我们变成他们糖蜜洞穴奴隶的那一天。

就好像詹宁斯输给沃森后说的:"因果报应真是他妈的灵。"

第三部

然后呢?
成为更加乐活的人

第六章

比尔·科斯比效应

> 巫医之所以成功,其实和我们其他(医生)成功的理由一样。每个患者的内在都有他自己的医生……我们充其量只是让寓居在每个患者内在的医生,有机会工作而已。
>
> ——艾伯特·施魏策尔博士,
> 引述自诺曼·卡曾斯《笑退病魔》

现在是再一次转移主题的时候了。最开始的前三章提出幽默**是什么**的问题:什么东西让我们笑?我们的大脑又如何将冲突转化为愉悦?之后的两章则提出幽默**为了什么**的问题:幽默有何效用?它又反映了哪些关于我们的真实样貌?这两个部分提供了重要的背景知识,让我们了解自己为何而笑。但是,还有一个更为重要的问题,我们还没有提出来;我叫它"然后呢?"的问题:为什么我们要管幽默是什么?它又如何影响我们生理、心理以及社交能力呢?

研究显示,幽默能增进健康、帮助我们和他人相处更融洽,甚至会让人更聪明。在之后的三章,我们要来看这是如何办到的;其中我们将参加一场喜剧秀、目睹公司间的角力,还会看到比尔·科斯比的表演如何提升痛觉的忍耐力。而这一切都要从诺曼·卡曾斯这个人开始说起。医生说他只有 0.2% 的机会，能够幸免于退化性疾病，最后他却通过喜剧扭转乾坤。事实上，他把自己身上的病给笑退了。

诺曼·卡曾斯

卡曾斯的故事要从 1964 年 7 月莫斯科一场政治大会说起。身为美国代表团的主席，卡曾斯受命出席所有促进苏维埃共和国与美国间文化交流的会议。开会期间，有许多社交活动与正式晚宴所交织的漫长夜晚，由于他不熟悉举办活动的国家的语言，所以这是个令人倍感压力的行程。同时他也处于相当不健康的环境当中——是真的很不健康。20 世纪中叶，莫斯科污浊的空气与水源可说是恶名昭彰，而卡曾斯下榻的旅馆正坐落于市中心，恰好在建设工地的旁边。柴油卡车 24 小时不停排放的浓烟让他每天早上恶心想吐。当他返回美国时，关节便开始疼痛。他的身体状况越来越糟，没过多久，他的脖子、手臂到脚都不能动了。他的身体逐渐被疾病吞噬。

卡曾斯逐渐察觉事情严重，总算去看了医生；医生说他得了一种严重的胶原蛋白的疾病，称为强直性脊柱炎。胶原蛋白是一种纤维状物质，可以将我们的细胞联系在一起，而这种疾病使卡曾斯的胶原蛋白逐渐被侵蚀。没有胶原蛋白会使他无法活动。

"那时，某种意义上，我全身的螺丝都脱落了。"卡曾斯这样叙述。

卡曾斯前途着实一片黑暗。那些专科医生告诉他，唯一的希望是用药物对抗疼痛；但卡曾斯明白，一旦药物变成治疗的主力时，这问题可不小。"大家总把药物想得跟汽车一样，"他抱怨道，"每年都要推出新款,而且马力越猛越好。"

医学治疗带给他的另一个困扰,是医疗团队治疗他的疾病时一直不停地打扰到他。某一次,在短短的一天之内,前后有四位不同的医疗技师来为他抽一大管血。一口气抽这么多血,就算是身体健康的人,通常也吃不消。卡曾斯不禁暗忖,这样的治疗恐怕是弊多于利。他几乎只被喂食加工处理过的餐点,而不是健康均衡的天然食物。他的睡眠时常因试验中断,而那些试验等到隔天早上再做也无妨。

就在此时卡曾斯决定,与其相信医生,他宁可欢笑。

首要之务,他先离开医院这令人沮丧的环境,并住进旅馆。旅馆不只让人精神比较愉悦,而且要价只是医院的三分之一。接着他开始思索:该怎样做才能帮助自己?既然传统的医药无法治好他,那还能采取什么途径呢?卡曾斯开始思考压力对医疗康复产生的效果。压力很可能助长他的病情,也阻碍治疗效果;那么反过来看,去除压力以逆转病情似乎也很合理。"如果说,负面情绪在身体里起坏的化学变化,难道正向情绪就不会起好的化学变化吗?"卡曾斯接着问:"爱、希望、信仰、欢笑、自信及想活下去的意志,是否也可能具有治疗上的价值呢?难道化学变化只会往坏处发生吗?"

找出答案的方法之一,便是让自己处于好心情——为了达成这个目的,卡曾斯着手一个有系统的欢笑计划。他开始看起整人实境节目的旧片《整人摄影机》[1](就像是没有阿什顿·库奇当主持人的《明星大恶搞》),但这不太容易。由于当年 DVD 和蓝光光碟还没问世,要看这些影片只能用电影放映机。好在他向朋友借到一台,还顺手带了几卷马克斯兄弟喜剧。就这样,任何能让他开怀大笑的

---

[1] 《整人摄影机》原剧名 *Candid Camera*,指的是趁人不注意时,偷拍下来的镜头。

影片，都成了治疗的一部分。

卡曾斯每天规律地看这些影片，尽管疼痛依旧，他发现自己还是笑得出来。不仅如此，欢笑对抗疼痛的效果，比阿司匹林或任何他使用过的镇痛剂都更为有效。他曾写下："十分钟的捧腹大笑呀……至少能带来两个小时无痛的安稳睡眠。"

令人惊讶的是，经过一个多星期的休息和欢笑，卡曾斯竟然能再次活动大拇指了。这是先前他的医生认为绝无可能的事。几个月之后，他能从书柜上层拿书；过了更久，他甚至能打网球或偶尔打打高尔夫。他的疾病并没有消失：一边肩膀和两只膝盖偶尔还是困扰着他；但比起最初的医院的预后报告，他的恢复情形简直不可思议。卡曾斯持续此法，多活了 26 年。

卡曾斯康复的故事振奋人心又相当正面，但也令人颇为困扰。他拒绝医生、医院、最新的药物，而选择了另类医疗中整体性疗法的治疗方式，或许真的救了他一命。不过，换作是你在同样的处境，会有勇气做一样的选择吗？

我们都见过有些医学上的"治疗"很不科学。话虽如此，批评现代医药没有个人化很容易，但是把医生想成是思想闭塞的人是不对的。少有医生不愿尽己所能来协助病患。替代性疗法（像是欢笑）之所以为替代性，是因为目前尚未证实有益。不过这些方法并没被忽略，事实正好相反，我们将在本章中看到，把欢笑当成医疗方式已有广泛研究。医生不开欢笑处方给他的病人的原因，和他们不建议针灸疗法或高剂量的维生素 C 等替代性医药的理由是一样的，因为研究结果仍众说纷纭。

本章将以整体性的眼光来看幽默对人体的作用。目前为止，我们知道大脑利用冲突，就好像肌肉利用氧气、汽车利用汽油一般。幽默使我们得以在复杂的世界中做决定并保持喜悦。而它的好处还不只这些；幽默也是运动的一种形式，维系我们心灵健康，就如同体能锻炼对我们身体有益一样。不过，好比在烟雾弥漫的隧道里慢跑一样，误用幽默也可能弊多于利。

内在的医生

"每个患者的内在都有他自己的医生。"

直接从卡曾斯的书《笑退病魔》中摘录下来的这段话，就是描述卡曾斯哲学的最佳注解。在他的回顾中，卡曾斯描述了他的欢笑治疗，以及从医生、亲戚、朋友方面听到他康复的消息时所得到的回应。每个人对他强直性脊柱炎缓和的原因都有自己的见解。有些人认为，卡曾斯单纯是通过正向思考，靠意志力把疾病驱走的。也有些人主张他的康复是个例外，一百万个病人中只有一个随机发生，不应该解读成未来成功的蓝图。还有一些人纯粹向卡曾斯道贺，因为他有勇气主导自己的医疗命运。

卡曾斯在书中将欢笑比拟为身体内部的慢跑，这是个很棒的类比。我们知道笑对身体有益，因为它是一种有氧运动。在仔细地测量下发现，欢笑每小时大约消耗40到170大卡。许多研究常把它比拟为运动的另一种形式，最常见的类比是大笑一百下大约相当于骑10到15分钟的自行车。至于怎么去算笑了几下，我是没有概念，但对我而言，这听起来像是一件不错的事。

慢跑增进我们健康的方式之一是促使心脏更努力工作，而欢笑靠的也是相同的机制。研究显示，收缩压和舒张压两者在运动时都会升高；欢笑的时候也是这样。有时候，这些变化持续的时间不超过一次心跳；但是有时候，它持续的时间就长得多了。但是，这种血压的升高相当关键，因为我们越锻炼心脏，静止时的血压就越低。也就是说其他时间,心脏的工作量就比较少。

这个好处也可能维持很久。例如,颈动脉顺应性以及肱动脉舒张压这两种血流测量值,在观看完令人发笑的喜剧后,维持升高长达 24 小时。

马里兰大学的迈克尔·米勒(Michael Miller)是一位很懂得笑的好处的科学家。他的专长是血管扩张术,意思是让血管变宽。运动时血压上升之所以对健康有益,是因为它能帮助血管保持弹性。健康的血管会随我们活动的程度舒张或压缩,但是不健康的血管就一直维持紧绷僵硬的状态,在我们最需要血液供应时会限制血流。

其中两个对我们健康威胁最大的,就是血管收缩和血管反应降低。这些症状通常是由压力引起,会让血管变窄、血流量降低,以及调节全身血液输送的能力下降。许多人甚至因此罹患冠状动脉疾病或中风。医生建议大家多运动,就是因为有氧活动能让血管松开,而变得更柔软有弹性。根据米勒 2005 年在美国心脏学院对血管反应性的研究发现,笑也有同样的作用。明确地说,欢笑降低血管僵硬、增加血管反应性,因此能增加身体需血区域的血流量。

米勒的研究检测 20 名男女,研究开始时大家的心脏健康水平大致上是一样的。他让受试者观赏电影的开场,有的是让人有压力的电影如《拯救大兵瑞恩》,有的则是喜剧如《王牌保龄球》。在电影观赏前后,借由收紧或放松系在受试者手臂上的血压环带,测量其血管扩张程度。米勒还用超声波装置瞄准受试者的动脉,测量动脉受环带限制后"回弹"的情况,借此知道血管是有弹性或是没反应。他预期带来压力的电影会导致血流量减少,就如同先前无数的研究结果一样。但问题是,幽默是否会有正向效应,以及这个效应会持续多久。

米勒发现,在看完有压力的电影后,20 位受试者中有 14 位的动脉尺寸减小，导致血流量减少。尽管如此，更令人印象深刻的是看幽默影片的那群人身上所看到的变化。除了一位之外，这些受试者的动脉尺寸都**增加**了，超过 20% 的受试者血流量增加。这个变化在电影结束后还持续很久。

有件事总是让我大为着迷，那就是我们的身体不是通过休息，而是通过劳动才变强壮。肌肉要先崩解然后重建，质量才会增加。改善血液流量要先运动让血压升高，然后才能使血压回到比较低的状态；那么当血管不工作时，才会更放松。笑也有同样的效应，它使我们更强壮，也更有能力去处理后续的挑战。

我们的心脏也不是唯一受惠于欢笑的器官。研究显示，欢笑能抑制糖尿病患的血糖浓度，帮助预防糖尿病引起的神经病变。欢笑也会增进免疫系统运作，可减少关节炎病患体内使关节肿胀的相关化学物质；甚至可以帮助过敏患者对抗皮肤病。简单来说，与欢笑关联的欢愉，能为全身上下带来正向的生理改变。

心理学家和医生面对的大挑战是，如何鉴定欢愉这类的心理状态对人体产生的生理变化。例如，我们知道因为运动能释放带来愉悦的多巴胺，所以带来好心情。这就是生理行动导致心理变化。但是因果关系能双向作用吗？改善心理状态能够导致生理变化吗？

很幸运的是，确实可以。以免疫球蛋白 A 的作用为例。这个抗体是我们免疫系统的第一道防线，用来抵御细菌、病毒，甚至是癌细胞的入侵。虽然人体会生产几种不同的类似抗体，它们运作的方式都是一样的。首先，辨识并锁定外来物，然后将它歼灭，或是标记后交流其他防御机制来攻击它。研究显示，观赏好笑的电影以及听独角喜剧，能显著提升免疫球蛋白的反应。另外，处于幽默的心情，也有相同的效果。自然杀伤细胞也有类似的效应；这种细胞除了有让人印象非常深刻的名字外，还能协助击退癌症或艾滋病等疾病。观赏电影《比尔·科斯比》或电视节目《罗宾·威廉斯脱口秀》，能增加高达60%的杀手细胞数。

目前为止你可能认为，笑真是你能为身体所做的最好的事。它不仅增进心血管健康，还能强化免疫反应，甚至还能启动攻击入侵者的细胞，让它们像训练有素的精锐海豹部队。对卡曾斯来说，欢笑帮助他克服强直性脊柱炎这种风湿病。如果说这些幽默都办得到，那我们还有什么理由不笑一笑，好让自己长命百岁呢？

这是个好问题。不过答案是：实际上幽默一点也没办法让我们活得比较久；事实上，答案正好相反。

第一次听到这个有趣的事实时，我相当吃惊；或许看了上面提及的发现之后，你也是一样惊讶。欢笑确实有它的好处，但并不保证可以让人活得更久。虽然这个事实令人失望，但是认清这个事实很重要，毕竟欢笑又不是什么灵丹妙药。它很像慢跑，或是跳绳这类活动。在正确的情况下谨慎使用，是个很棒的保护行为；但是使用时若是没有正确的判断，就可能会像赤脚跑马拉松一样危险。

从以下两个研究中，我们来看看为什么会如此。第一个研究在挪威一个叫北特伦德拉格郡的城市进行，几乎当地所有的居民都参与研究，总计超过6.5万人。他们同意以科学的名义做三份测验。一份测量幽默感，其中的问题像是"你觉得自己是个开心的人吗？"。第二个测验评估身体不适症状。这个测验本质上是健康的心理调查，会问受试者一些常见的身体不适问题，像是胃灼热、恶心，甚至是便秘，每一个项目都用一到三分来为症状发生的频率评分。第三个测验包括测量血压和身体质量指数。

一如预期，研究员发现，整体健康满意度和幽默感之间有显著的关系。虽然相关程度不是很高，相关系数只是0.12；不过系数是正值，表示受试者若越能欣赏幽默，那么他们对自身的健康状况也越乐观。然而，幽默感对健康的实际测量值（像是血压或体重）却没有好处。尽管年长者的血压值本来就容易偏高，而且幽默感也较低，但是当年龄因素受到控制，幽默和心脏健康间就没有显著关系了。

这个发现当然令人失望，不过除了血压之外，还有很多跟健康有关的事。也许，重要的问题不是幽默对我们的生理有多大帮助，而是它能让我们多活多久。长寿无疑是健康的最佳测量值，难道我们不该去测量它吗？

我相信我们应该去做，而这就是为什么我在这里介绍加州大学河滨分校心理学家霍华德·弗里德曼（Howard Friedman）的研究。这个研究花了 60 年执行，因为弗里德曼不只是给受试者做做问卷或量他们的血压，而是在 1921 年研究开始时，募集了超过 1500 位年约 11 岁的小朋友，然后慢慢观察他们的一生。这种描述事实上蛮令人讨厌的，因为他真正的目标是要追踪这些中产阶级学童的一生，监测他们健康状况的变化。弗里德曼想知道的是，他们的人格特质与长寿之间有无任何联系，也想看看这么长时间的观察能不能揭开简单生理测量无法揭露的幽默与长寿间的关系。很幸运地，虽然在这几年间无法继续追踪一些小朋友，但他规律地记录了超过 90% 的个案。

1986 年，即研究开始的 60 年后，弗里德曼重访受试者并总结出一个能预测长寿的人格特质，这个特征就是严谨。这个特征反映出一个人待人处事有多审慎、多周到。结果显示，这个特质提升了多达五年的存活率。自信并没有如此的效应，社交性也没有。事实上，其他因素中，唯一会影响弗里德曼的受试者能活多久的特质，就是幽默感。但幽默感不是延长而是缩短寿命。这个效应并没有如严谨影响寿命般强烈，但仍让人印象深刻，因为在弗里德曼的研究中，幽默的人活得比所有人还短。

造成这种负相关的理由很难解释，虽然这说不定和幽默的人可能不太会照顾自己的身体有关。举例来说，其他研究显示，比起不幽默的人，他们烟抽得多、体重较重，而且心血管疾病的风险也比较高。另外还牵涉神经质，这个人格特质经常能在幽默的人身上看到（我们在第四章谈过）。曾经有研究显示，神经质增加死亡风险高达30%。所以说，尽管卡曾斯的策略让他多活了26年，这似乎不是对每个人都有效。

不过暂且先别放弃希望。我的目标是要显示，幽默是一个不可或缺的保护机制；它或许没办法保证让你活得比较久，但它真的能增进心理健康，并保护我们不受疼痛。它将让我们感受到"比尔·科斯比效应"。

比尔·科斯比效应

想象你自己闪到椎间盘，正要去做骨科矫正手术，这时迎面走来一位自称主修沟通艺术的研究生。他跟你说他正在写论文，要研究不同媒体对痛觉的影响，并问你是否愿意参与他的研究。如果你同意参与他的研究，他会在你允许之下浏览你的病历之后，让你看一些电影，为的是要看电影如何影响你的术后复原。这档事听起来还算可以，所以你就同意了。

很幸运地，你的手术很成功。手术结束后，你被推到恢复室，在那里你又见到那位实验者。这一次，他带着一台 VCR 播放器，让你选要看哪部幽默电影。清单上有新片也有旧片，而你看到了几部你最喜欢的片子，有《老板度假去》（*Weekend at Bernie's*）、《白头神探》（*Naked Gun*）、《单身公寓》（*The Odd Couple*）。最后你选了《比尔·科斯比：49》（*Bill Cosby：49*），这是一支科斯比独角喜剧的舞台纪录片，表演中他谈论老化、妻子与小孩等主题。当天傍晚同样又让你选了一次，只不过这次你选择了看《一条叫旺达的鱼》(*A fish Called Wanda*)。

第二天，整个过程又重复一次。很快地，你为自己当初决定参加这个实验而感到庆幸。在这期间实验者问了几个笨问题，像是手术后感觉多痛、恢复状况感觉如何等等，不过这倒不会让你觉得被打扰。术后第三天，你的康复程度已经可以回家静养了，所以医院就放你到门诊去。实验结束了，离开前你还向实验者道谢。

虽然你参与这场实验是想象出来的，但现实生活中，这是目前最重要的几个幽默研究之一。这个研究是由佛罗里达国际大学的雅姆·罗滕（James Rotten）所做的，检验幽默电影对痛觉耐受性的影响。总共有78位受试者，其中最幸运的那些是可以看喜剧电影的受试者；而另一些受试者则是只能看一些较少情绪冲击的电影，例如《007之诺博士》(*Dr. No*) 和《魔幻迷宫》(*Labyrinth*)。

我之所以说那些人"最幸运"，是那些观赏喜剧电影的受试者自己所经历到的痛觉强度，比那些看剧情片的人低。明确地说，他们觉得自己的术后恢复的情况比较好，而且所需的药物量比其他人少了25%。到了第二天，尽管用药量减少，他们的痛觉还少了三分之一。

这个发现尤其重要，因为它展现了幽默可以不只让我们更健康，它更改善了我们的生活品质。由于在罗滕设计的实验中，用了真正病患和真实病痛作为研究样本，这不但在科学界相当难得，也使他的发现更加有可信度。在做科学研究时，总是希望能尽可能地在现实生活中进行，不过这却是个挑战。这是因为各大学对于受试者的安全与保护极度敏感，能允许科学家"伤害"受试者的机构实属罕见。这让痛觉成了一个很难研究的题材。

但这也不代表痛觉耐受性无法在实验室中研究。实验室研究的好处是能完整地控制整个实验的程序，这是罗滕的研究所做不到的。罗滕无法操弄受试者实际承受的痛觉，因为他并没有在受试者身上操作任何实际的手术，或是对他们造成所需要治疗的损伤。但是在另一方面，实验室中进行的痛觉研究就能控制这样的变数，并保证所有受试者一开始感觉到的不舒服程度都是相同的。达成这些目标的方法之一，便是使用冷迫测验。

所谓冷迫测验，就是将你的手伸进 1.7 摄氏度的冰水桶里，这个温度只比冰点高一些。虽然又冷又痛，但这个刺激实际上不会有任何伤害，也不会造成冻伤，只会让你真的很想把手抽出来。你把手放在桶子里的时间，就成为你个人的痛觉耐受性的测量值。借由多做几次这个测验，并在实验的前后做一些处理，科学家就能看到你的痛觉极限在不同的处理之下有些什么变化。

在使用冷迫测验的研究中，证实了观赏喜剧确实让我们对痛觉更能忍受；这就是我所谓的**比尔·科斯比效应**的意思：只是单纯观赏幽默的独角喜剧影片，就可以让你把手放在冰水桶里的时间增加长达 36 到 100 秒。

卡曾斯宣称欢笑是自然的止痛药，治疗效果比任何药都要好。这是不错的故事，也很令人信服，但是现实人生可要更繁复。事实上研究指出，看一些充斥着鲜血与肉块的血腥恐怖片，也有同样的效果。看这样电影的人能把手放在冰水中将近两分钟，这比起一般标准值增加了三倍以上。所以说，电影的镇痛效应不只限于幽默。

怎么会这样呢？自始至终我们都在探索正向心情的好处，现在居然连看到恐惧也有一样的效应？真的是这样没错。要解释为什么，我们需要再回头看罗滕的痛觉研究。根据他的原始研究，你可能会猜测，观看有趣的电影就像吃阿司匹林；甚至会以为观看那些格外好笑的电影就像吃可卡因。但是，注意看看研究中那些不是观赏自己所选的电影的受试者发生了什么事。

关于罗滕的研究，有件事我之前没有说，就是他问了所有受试者喜欢哪种电影，然而实际上只有一半的人看的电影符合自己的选择。另外一半"没得选"的那组人，看的电影是他们**没**选的。有趣的是，他发现喜剧电影不只没有降低后面这一组的受试者对止痛用药的要求，反而还增加了。事实上，他们要求的止痛用药量，比那些看了自选电影的人高两倍以上。所以说，观赏有趣电影并不足以增加痛觉耐受性；受试者需要看到的是他们喜欢的幽默类型，还需要感觉到自己能掌控自己的心情。

简单来说，带来好处的不是欢笑，更精确地说，不是正向影响，重要的是我们的情绪投入。罗滕研究中，看了非自选电影的那些受试者，也许就是因为没把情绪投入进去，才不觉得那些影片有趣。我们的心灵需要情绪投入，就像它需要运动一样。没有投入，我们对自身环境就变得消极；而消极的心灵就是不健康的心灵。

喜剧和悲剧两者之所以都能提高痛觉耐受性，就是因为我们的心灵受到它们的锻炼。我们笑的时候就和哭的时候一样，身体体验到情绪的激发。这个效应达到专注于正向事物并分散对疼痛的注意力，它使我们的身体及心灵强健，好应对即将到来的事物；这很像是拳击手在较量前举重锻炼一般。之前我们探索了心理状态如何引起身体的生理变化，而现在我们看到，借由锻炼我们的大脑学习幽默，能让它准备好迎接一路上的压力来源。只要妥善地驾驭，冲突也能是个好东西。

这种用情绪锻炼来看幽默的角度，也解释为什么观赏喜剧有时比冥想或听让人平静的音乐还要有益。举例来说，研究显示单纯看一集情境短剧《老友记》(*Friends*)，其降低焦虑的效率是坐着休息的三倍。我们的大脑想放松以克服压力，但它也需要保持活跃。纯粹让它静止活动是没有好处的。

就像体能锻炼一样，幽默也有很多形式，而并非所有形式本质上都是对等的。幽默让我们的大脑和身体保持活跃，可是无论是生理或心理的活动，不是都会带来好处。之前我们曾经指出，幽默至少有44种独立类型，有机智、讽刺、闹剧等等。不过幽默若依据其心理动机、而非笑点来分类，其类型也相当多变。其中一个例子是融洽式幽默。融洽式幽默程度高的人喜欢说好笑的事情、分享机智的妙语娱乐朋友，还喜欢说笑话来降低人际间的紧张关系。就如同你所想的，融洽式幽默是一种公认的正向幽默类型，意思是它能对心理和社会带来有建设性的行为。

另一种正向的幽默类型是自我增益式幽默，这个类型描述了喜欢用好笑的观点看事情，还有在麻烦情境中看见光明面而欢笑的那种人；他们做的任何事都是为了保持正向的态度。自我增益式幽默测量分数高的人，自尊较高而且为人严谨。我们之前看过，上述的最后一项人格特质对健康尤其重要，因为这是唯一能预测长寿的人格因素。所以说，只要用的是正确的类型，幽默的确能帮助我们活得更久。

幽默类型的概念由鲁赫发明，用来描述日常生活中幽默的特征。它是通过幽默类型问卷所评估得来的，其中有两种负向类型。首先是攻击式幽默，包括挖苦、戏弄、揶揄。仰赖攻击式幽默的人会试着以他人作为目标，将自己武装起来。不意外地，他们在敌意或攻击性的测验上得分较高。还有一种叫自我挫败式幽默。要了解这种幽默，你只要想想罗德尼·丹杰菲尔德（Rodney Dangerfield）这位喜剧演员就知道了。自我挫败式幽默的人不是让别人难堪，而是把自己当成玩笑的目标，这通常是自我价值低落的防御机制。

正向幽默类型能增加自我价值以及严谨的感觉，或许还能增长寿命；而负向幽默类型则会有相反的效应。使用自我挫败式幽默的人容易体验沮丧、焦虑以及自尊低落。而使用攻击式幽默的人，则是经常采取低劣的处理办法。长时间下来这对寿命的危害显而易见。

简单来说，幽默既可能帮助也可能伤害我们的健康，取决于我们怎么去使用它。用正向的方式处理冲突，例如笑出好心情，可能和一个星期用三次爬楼梯健身器材锻炼一样重要。而用负面的态度取笑自己，或是采取黑暗、讥讽的态度，嗯……结果可能同酗酒和抽烟差不多。

我这辈子跑过两次马拉松，一次是在我满 20 岁，另一次是满 40 岁的时候。两次比赛我都没准备，但还是去跑了。第一次是要让一个女孩对我留下印象，而第二次是要糊弄自己相信我还没迈入中年，因为那个女孩——现在她是我老婆，不让我买保时捷。这两次经验好笑的地方在于，我两次都没达到自己四小时内跑完全程的目标，主要原因是先前准备不够充分。但尽管如此，比赛结束后，我也没有增加自己的训练。为什么呢？因为比赛已经结束了。只有在完成训练*之后*的锻炼，才会增加我们的体适能。

如果说幽默就像是心灵的锻炼，那我们应该预期训练心灵是用同样的方式作用。实际上也真是如此。我们将看到的是我称为《死亡真面目》（*Face of Death*）的测验。阿尼·卡恩（Arnie Cann）是北卡罗来纳大学的社会心理学家，他在那里研究人们如何从创伤经验中复原。虽然人类是出了名的坚韧，有时这股坚韧还是会垮掉。当这种事发生的时候，我们就会生病或是觉得沮丧，在一些极端的例子中，我们还会出现像是创伤后压力症候群等症状。保护我们免于压力的方法之一就是幽默。为了探索这个可能，卡恩的实验采用了世界上最令人毛骨悚然的影片，这部影片在超过 40 个国家遭到禁播。

我猜如果你超过 30 岁，你应该听过《死亡真面目》。它是 1978 年发行，在当时从来没有人看过像这样的东西。它展示了一幕幕惊悚的死相，而且全都是用真实拍摄的长镜头呈现，并搭配罗德·斯特林风格的旁白。着火的男人、全家淹死在浓稠的凝固汽油里、自行车骑士遭拖拉机的拖车碾毙，每个画面都色彩缤纷艳丽。虽然油管（YouTube）的到来以及各种造假的指称，几年下来这部电影的冲击已逐渐消弭，但它依然令人不寒而栗。没几个人有办法看着这部影片几分钟还不觉得恶心的。

正因如此，让我既不解又佩服的是，卡恩怎么有办法说服大学的审核委员会，让他向受试者展示这部电影长达 20 分钟的摘录片段，只是为了看看会发生什么事。有些受试者在实验开始时，先看 16 分钟的独角喜剧，接着才看死亡场景。对他们而言，幽默是故意用来提供保护的，有点像是先打预防针再去面对紧接而来的毛骨悚然场景。另外一些人则是最后才看喜剧，对他们来说，这是一种复原、一个让他们心灵回归常态的机会。第三群受试者只看一部旅游纪录片，有时候纪录片在死亡场景之前，有时则是在之后。

卡恩的结果显示，独角喜剧能帮助受试者处理带来压力的电影，确切地说，它能降低受试者感受到的紧张程度。然而，这些好处只限于其中一组，也就是先看喜剧的受试者。事实上，研究显示**结束时**才看喜剧的几乎没有好处，因为已经来不及了。唯有当实验一开始，受试者就处于好心情，这时才看出喜剧的好处。

最后一个发现很重要，因为这显示了与其说幽默是仙丹妙药，倒不如说是一种预防的形式。就像比赛前训练能让我们的身体准备迎接即将到来的压力。这可能看起来与卡曾斯的经验相违背，因为在诊断前，他还没开始笑。但是请记得除了提供一些温和的锻炼之外,笑并无法直接改变身体;它是通过心灵产生效用的。它创造一个保护性的愿景,而就是这种愿景支持我们的免疫系统,帮助我们度过毛骨悚然的死亡场景。这个观点就是关键,帮助卡恩的受试者处于好心情,使他们为紧接而来的血腥做好准备。这也是卡曾斯通过将自己隔离在饭店房间,拒绝医生给他的命运,所培养出的好心情。

我有一位朋友是神经科学家,有一次他和我分享一个概念,称为演化赐给生物最棒的礼物:当我们身体遭受极端伤害时,大脑会停止释放与疼痛及警戒关联的化学物质;它反而会释放内啡肽这种自然的吗啡。就演化的立场来看,很难看出释放这种东西有什么好处;它不能增加能量,也无法帮助身体恢复。它只是提供心理上的慰藉,使我们在鬼门关前能够保持平和,而不会极度惊恐。显然大自然认为这已经够重要了。

我分享这个故事,是要介绍正向观点的概念,这也和幽默相关。我说的这个概念不是用来忍受熊或老虎攻击造成的疼痛;而是说,幽默能帮助我们克服心理的损伤。幽默的人所体验到的压力事件和大家一样多,我们知道事实如此,是因为科学家真的去统计过。然而研究员却表示,那些很快就会笑的人比起他周围的人,容易更快地把压力经验忘掉。幽默也能帮助我们忽略生活中一些可能会造成我们疼痛或伤害的事件。幽默的人也许日子没有比周围的人轻松,但他们常常觉得愉快。他们总能在事情结束后忘怀这些负向经验,并且向前迈进。

也许这就是为什么医生最后听了卡曾斯的建议,将幽默并入医疗治疗一部分的原因。在我国的医院中,喜剧专区如雨后春笋纷纷建立。举例来说,田纳西州孟菲斯的圣犹大儿童研究医院发给病患放屁椅垫还有好笑的电影,让他们能一直欢笑。其他的还有纽约罗切斯特综合医院的治疗性幽默计划，它发给病患连环漫画还有录像带。这些病患反馈，因为这个计划，他们的压力减少了50%。还有大苹果马戏团，他们派遣"小丑医生团队"到纽约市各个医院拜访病童及其家庭。

电影《心灵点滴》（*Patch Adams*）于1998年上映时，有些评论家抱怨它贬低了医药在复原上的重要性。他们说，欢笑和正向态度肯定是有好处，但如果病患最后死了，那还是爱莫能助。这话说得没错，但就算是病患接受最好的药物及医药治疗，医生和院方也尽了最大的努力，有的时候病患还是会死。单独靠幽默也许没有办法让我们保持健康，但是它能够降低我们生命中的痛苦，不论是实际上的或是觉察到的痛苦。它不只能强化我们的心脏和免疫系统，假设保持着正向态度，还能增进心理健康。所以说一笑解百病，只要搭配运动、健康饮食还有偶尔使用盘尼西林，欢笑真的**是**最好的药。

幽默和帮婴儿换尿布很像——它不见得解决我们所有的问题，但它肯定能暂时让事情变得比较愉悦。

第七章
幽默翩然起舞

> 我发现逗人发笑这档事,与其说是真实的机智,倒不如说是选对时机的把戏。
>
> ——维达尔(Gore Vidal)

我和太太劳拉已经年逾不惑,夜晚时分不再那么常外出。这样的转变虽然缓慢,但不是错觉。那时我们还年轻,经常出外吃晚餐、看看电影还有喜剧秀。之后,随着工作和其他的责任开始占据时间,这些活动便开始改变。我们变得比较常早起去远足或骑自行车。而深夜的酒吧之行,则变成与挚友共处的恬静夜晚。我们还是会出去吃晚餐和去俱乐部,不过不再是有现场乐团的那种,而是我们曾经去过,连菜单都了若指掌的那种。

所以说,当我问起劳拉是否愿意跟我去一趟喜剧俱乐部,作为撰写这本书的研究时,我预期她会踌躇一番。老天哪!我大错特错。

"我们今晚就去吧。"她这么建议。她甚至没过问这场秀的台柱是谁或是会多晚才开始。"我该穿什么去呢?要先去吃晚餐吗?你觉得朋友之中，有谁会想加入吗？"我尽可能地回答每个问题，不去多想我们迈向成人的转变，会不会是我一厢情愿。我的邀请才刚说出口，她不假思索地就参加了。

最后，我们去了马古比笑话屋，这是巴尔的摩最受欢迎的喜剧俱乐部之一，距离我们马里兰州东部的家，只有一小段距离。俱乐部坐落在四百席次的剧院中，屋顶挑高，剧场式的座椅，在那种地方每个人的视野都是极棒的。像大部分的俱乐部一样，它提供各式奶酪和马铃薯的开胃菜，也有精致的茶水菜单，像是饮料的名字有"盲眼海盗""螺形灯泡"。所以今晚看来是有个好的开始。

第一位表演者是这个俱乐部的主持人麦克，虽然他还不赖，却没让我笑太多。他表演的喜剧和我平常爱看的那种不一样；他的笑话都是用来讨好观众的安全牌，传达的风格是夸张的动作还有脸部表情。某一刻，麦克嘲弄了一下"脸书"，说他觉得这玩意儿有多愚蠢。然后，在表演接近尾声时，他问了观众之中有没有人痛恨匹兹堡钢人队，而得到一些喝彩。在巴尔的摩，这就好像在问一群俄亥俄州立大学的本科学生，有没有人痛恨密歇根大学一样。

下一个表演虽然比较好一些，但是我已经在盼望台柱里奇·沃斯（Rich Voss）上去了。我听过沃斯是因为看过《真人秀：喜剧之王》这个美国国家广播公司制作的秀，每个星期都会投票选出一个接着一个的职业喜剧演员，用的是《强者生存》影集的票选风格。不过因为观众评等不佳，这个秀最终惨遭腰斩。尽管如此，我记得沃斯这个人，因为他是开场季最好笑，也是最讨喜的竞赛者之一。这个秀有个固定桥段，包含录一段喜剧演员的采访，而沃斯总是在浴缸内接受采访，通常还有另一个喜剧演员莫尔多在旁边陪着。这实在既荒谬又笨拙，但对我来说真的是十足爆笑。所以，那晚我在马古比笑话屋相当兴奋。

不过，沃斯的表演才一开始，我就知道劳拉没有太多感觉。他向观众丢出几个激进的笑话和羞辱当开场。这种硬碰硬的风格，我怀疑是意图使人更快地抖擞起来。接着他便转往比较安全的主题，例如十来岁的青春期女儿，还有婚姻的虚浮。虽然我一直在笑，劳拉却连窃笑都没几次。她还是看得很开心，但是很清楚地，她和沃斯的黑色喜剧风格并不投机。某个时机，沃斯针对约会做了个评论，说一个男人不只约一个女人，连她的所有朋友、亲戚、前男友，以及从她孩提时代的每个梦中情人都约了过来。我知道劳拉一定会觉得这个笑话好笑，因为这正是她喜欢的幽默类型，然而这个笑话却只得到几声轻笑，没别的了。这事情现在看来变成是人的问题了；很清楚，她就是不喜欢沃斯。

表演结束后，我们都同意这是个很棒的夜晚，最近应该还要再来一次。然后，劳拉补了一句说，她只是想回来再看一次那位主持人，也就是我不喜欢的那个表演者。她说他非常搞笑。我评论说觉得他的笑话没有原创性，而劳拉说她也这么觉得，但是喜欢他传达笑话的方式。这话说得仿佛我们刚刚经历了完全不一样的表演似的。

劳拉并没有因沃斯的幽默而受冒犯。虽然他的笑话常常很低级，不过我太太可是一位退休军官，曾在北太平洋的海域待了一段漫长的岁月；她才没那么容易受到冒犯。简单来说，她没听闻过的大风大浪实在不多。虽然我曾接收到直截了当的指示，要我别把她说得像个码头老粗；但我们姑且这么说吧，要是惹毛劳拉，她爆的粗口大概连马克·吐温也会为之脸红吧。所以这到底是怎么搞的呢？

很清楚地，两位表演者都有资格站在台上，也都博得许多笑声。其中的差异真的是人与人的联结性。我从来没有和主持人麦克有过联结，而且不喜欢他操弄观众的方式；而劳拉从来没有和沃斯有过联结，而且不喜欢他苛刻的新泽西风格。这些差异突显幽默的社会本质，还有涉及人群间关系的程度。

本章将探索这些关系。我们之前在这本书中看过，幽默如何在心理层次违反期望而导致脚本的修正。现在我们要来看看，预期怎么也出现在社会层次。成功的喜剧演员通过控制观众的预期，达到操弄的目的；主持人麦克用的是几个讨好观众的简单笑话当开场，而沃斯用的则是羞辱几位观众来达成。两种途径形塑了群众对表演者的妙语和笑点做出反应的方式。这些风格使得关系得以形成。但无论是哪个事例，联结受损也就表示幽默失败。接下来，将说明幽默如何利用我们社会关系中最具挑战性的面向，例如隐晦、歧义和冲突，来探索上述问题的原因。我们也将看到，幽默是如何借由培养共同的期望，接着又摧毁这些期望，将我们带向彼此。

幽默与跳舞

心理学家、哲学家威廉·詹姆斯曾经说过，常识和幽默其实是相同的东西，不过用不同速度移动。常识是用走的，但幽默则是翩然起舞。

跳舞的确是说明幽默运作的最佳类比。幽默像跳舞一样，本质上是社会现象。试着在空荡荡的房间里说个好笑的故事看看，你就明白我的意思了。要是没有其他人在，让你看他的脸上有什么反应，你会发现这个笑话根本算不上是笑话。幽默同时需要说的人以及听的人，幽默的成功仰赖于一个人影响另一个人的思想和期待有多厉害。

跳舞的类比也突显了速度这么一个相当重要却捉摸不定的角色。跳舞总是有清楚的拍子。幽默也有拍子，我们称它为喜剧时机，但没有节奏乐器；只有靠我们的直觉和阅读观众的能力。所以说，像我一样手脚不协调的人，可能不会跳舞却只能咬着牙、专注地听着低音线蒙混过一首歌，根本无计可施。把我们丢在观众面前，叫我们说个笑话，这就好像要我们对着塞上耳塞的蛇，吹起笛音一般。

喜剧时机值得一提，是因为刚刚说过，幽默需要人与人之间的联结，也就是要和观众同步。有些喜剧演员，例如罗宾·威廉斯，倾向在笑点之前加速。其他人像莱特，则是会减速。也许这就是为什么幽默学者会将喜剧时机比拟为爵士乐的原因，因为即兴创作对两者都至为关键。每个音符的起始以及持续时间，都要靠前面的所有音符来决定。这让游戏感与持续惊喜的风险得以产生。

测量喜剧时机的实验极少，其中一个就是由我们的老朋友阿塔尔多做的。我们在第二章见过他，就是研发幽默语言普遍理论的那位。阿塔尔多录下了十位表演笑话的人，然后将录下来的音档用三种重要的方式拆解。首先，他测量他们说话的速率，尤其是讲笑话的人在说营造句与笑点两个时段的语速有多快。第二，他测量他们的音高与音量，寻找有没有哪些变化能表示即将到来的幽默转折。第三，他寻找停顿，时间从短于 0.2 秒（200 毫秒）到超过其四倍之长。他的假设是，说话者会在讲出笑点之前停顿，另外，讲笑点的时候，比起笑话的其他部分，会比较快速也比较大声。

遗憾的是他的假设无法成为事实。笑点与笑话的其他部分之间，任何面向都没有差异。

"这着实让我大吃一惊。"阿塔尔多这么说，"这个研究应该是那种，你预期可以确认一件大家早就知道是事实的事，然后大家拍拍手、便往下一个主题前进。但是，我们的发现恰好相反……我们花了一番工夫，确定没有搞砸任何东西。即使如此，我们现在已经非常清楚这些指标无法像我们以为的那样，能用来判别笑点。"

这个发现违背了科学家称为"笑话演说技巧"的民间理论。民间理论是一种大家"知道是真的",却从来没见过证据的信念。"我们只使用了大脑的10%。""盲人听力比明眼人好。""下意识的信息会影响我们的行为。"这些信念虽然常见,却不完备或不正确。的确,大脑中有一小部分是一生下来就预先决定好拥有功能,但是这也不代表其余部分就不重要。盲人的确有时候听力优秀,但只有婴儿时期就失明才会如此,因为那时他们的大脑还具有可塑性。还有,除非你是烂情境喜剧中的角色,否则接触下意识的信息并不会使你做出平常不会做的事,像是痛骂老板、吵闹出丑等等。它可能会让某些字句浮上心头的速度比平常稍微快一点,但是几乎没有证据证明其效应可以更广。

　　所谓幽默的民间理论是认为能由停顿和较高的音调判别笑点；这个信念与其他的民间理论一样,含有一点点真相。复杂之处则是以"语音段落"(Paratones)的形式现身。语音段落是语言学家对口语上段落的称呼,其结尾的音量与音高倾向**降低**,而不是像笑话一样升高。由于笑话通常在语音段落的结尾出现,音量与音高的改变便相互抵消了。这解释了为什么阿塔尔多在他的测量中没有看到差异,原因在于笑话的效果没有显著到足以克服说话者结尾音调下降的倾向。

　　虽然时机的效应在实验上没有显现出来,我们仍然知道它是存在的。我们都听过有人跳过必要的停顿,或是在需要放慢速度时加速,把一个笑话给糟蹋了。事实上,那些停顿和速度上的改变表达了重要的信息。有效的沟通的确包含许多言语之外的事,它也要仰赖那些没说出口的内容,或是犹豫和音高改变所影射的内涵,这些线索包含许多层次的意义,而且如我们先前所见,幽默的重点就在多重意义。内行的喜剧演员会利用停顿和改变速度让观众有所预期,预示即将出现的转折。要是没有这些操弄,幽默便无立足之地,变成只是说一个冗长的故事罢了。

这就是为什么我们不会期待利用停顿和抑扬顿挫来测量笑话好笑的程度,因为那只是一个大现象中的几个表征而已,这个现象就是歧义,它不只发生在我们的大脑中,也发生在人群间。笑点不是笑话真正的乐趣所在,只是我们用来达到最终解决的工具。铺陈笑话期间充满停顿、音量变化,以及各式各样细微的指标,那才是幽默的滥觞,因为那也是播下歧义种子的地方。你不能只看笑话的某一个部分来找幽默,因为幽默到处都在。

想要弄清楚幽默不只仰赖笑点,只要随便听一个好笑的笑话或故事,记下大家什么时候笑就可以了。几乎整个讲笑话的过程当中都出现了笑声,而不只是在结尾。最近有一个调查研究了将近200则叙事型笑话,照例都很冗长,且以自然交谈的方式讲述,结果发现,笑话大部分在结尾之前就已经包含能引人发笑的营造句。这些"先发"的笑话叫作突击句①,随便一个叙事型笑话都可能有不少突击句。不是所有的突击句都会让听的人发笑,但它们是笑话的重要部分,因为它们能与观众建立联结。参考下面这则笑话,就有好几句不同的突击句,每一个我们都画线标示:

有个男人想在家养只宠物做伴。经过几番思考,他决定养鹦鹉,他选了一只经店员保证词汇量充足、训练良好的鹦鹉。他带了这只鹦鹉回家,发现它<u>认识的字还真的挺多,大部分都是脏话,而且性格很差,真是言行合一</u>。<u>每次这个男人进到房间里,这只鹦鹉就口出秽言</u>。于是,这个男人决定要改变这只

---

① 突击句(jab line)的主要作用是引发幽默,也可说是铺哏之用,通常出现在营造句中。

鹦鹉的态度。他试过在这只鸟面前重复文雅和礼貌的词语、播放轻音乐，如果它骂人，就不给点心吃，但这些似乎都没有用。这只鸟似乎变得更加生气，骂他骂得更凶了。最后，他彻底受够了这些咒骂，打开冷冻库把这只鹦鹉给塞了进去。几分钟过后，咒骂和嘎嘎抱怨的声音停下来了，四下一片安静。男人害怕他伤了这只鸟，所以他打开冷冻库的门检查看看。这只鹦鹉看看四周，眨了眨眼，礼貌地鞠了一个躬，然后娓娓道来："大人，小的实在很抱歉用语言和行为冒犯了您。我请求您的原谅，从今而后我会努力控制自己的行为。"震惊之下，这个男人只是点点头，就把鹦鹉放回笼子里。他关上笼子的门时，鹦鹉望着他说："喔，对了……那只鸡是做了什么事呢？"

在这个例子中，笑点之前有六段不同的突击句。我敢说，不管你删去哪一段，都会使这个笑话变得没意思。

将突击句的概念更向前推进一步，就成为大部分喜剧演员奉为圭臬的"三的定律"。这个定律叙述：当我们需要一个节奏来建立笑话的语气或步调时，至少需要三个部分才够。举例来说，来看斯图尔特（Jon Stewart）的这段妙语：我用老掉牙的方式来庆祝感恩节：我邀请邻居来我家做客，我们吃了一顿丰盛的大餐，然后我就杀掉他们并抢走他们的土地。这个笑话要是没有提到邀请或是大餐，就不会好笑，因为时机还不到。幽默需要暖场的机会，而这段所需的时间非常难以测量。也许这就是为什么喜剧演员对于他们表演桥段的顺序和主题如此苦心孤诣的原因了。单纯一连串没有顺序的笑话，不太像是一个喜剧桥段，也不太有机会和观众建立关系。

就像跳舞一样，幽默是一种人际沟通的形式，虽然是很复杂的一种。我们觉得好笑的东西，仰赖的不只是时机和步调，更是朝向某个终点而努力建构概念的累积。幽默与其他沟通形式截然不同的地方在于它寻觅一些能让它打破的规则。在我们的语言中，我们预期概念能清楚呈现。而幽默违反这个预期，它先带领我们相信一件事，然后才用真正意图的意思吓我们一跳。我们在之前谈脚本的地方就观察到这件事了，而现在我们要探讨的是它与人际沟通的关系。

保罗·格赖斯（Paul Grice）是一位语言哲学家，因"合作原理"这个自创的理论而闻名。合作原理于 1968 年哈佛的一系列讲座中首次被提出，其概述四项规则，用以指导礼貌及效率沟通，本质上是适切交谈的指导。举例来说，格赖斯的第一项规则叫作量的准则：主张我们沟通时至少应该要有所需的信息量，但也不能过多。如果有人问我说，知不知道现在几点了？而我为了故作趣味而回应说"我知道"，这样就违反了格赖斯的量的准则。因为除了讨人厌之外，我也提供了明显不及需求的信息量。

格赖斯的规则，或者在语言学的领域也叫准则，突显了幽默的社会本质。这些规则也能用于鉴定由笑话所开发出的违反社会类型。为了当作范例，我们来看格赖斯的第二规则，也就是关系准则。这个规则提到我们的叙述必须保持相关，不能没来由地改变方向或主题。如果我说这个笑话：需要几个超现实主义者才能把灯泡拧紧？鱼！那我就违反了这个准则，因为我的回答和真正的问题没有关系，尽管它很含蓄地叙述超现实主义本身的意义。另外，如果我说：我相信俱乐部对年轻人的意义，但也只有在仁慈衰败的时候。那我就违反了格赖斯的第三规则，也就是方法准则。它要说的是，我们应该避免晦涩和歧义。最后是格赖斯的质的准则，主张我们只应该叙述绝对真实的事物：姻亲和歹徒有什么不一样的地方？

歹徒会被通缉。①

有些笑话靠的是**没有**明说的东西，为了这些含蓄未白的部分，一则笑话中可能不只违反一个格赖斯准则。像这个笑话："海伦·凯勒是怎么烫伤她的耳朵呢？她去接了电话。"一开始就违反了格赖斯的方法准则，因为答案跟问题根本没有关系。不过，如果你知道海伦·凯勒的眼睛看不见，那这个笑话影射了一些额外的行为，而这些行为几乎无法靠答案给出暗示。事实上，这则笑话违反了至少三项格赖斯准则，因为它同时表现出信息薄弱、无关紧要，而且还模糊不清。它没有解释为什么海伦·凯勒会去接电话，因为她也是个聋子；不过我猜想这包含的晦涩恐怕更多。

你曾经用电子邮件寄过笑话，却因为没有语调或脉络而使幽默尽失，得到事与愿违的结果吗？当然有过，这让我们想到一种幽默表达方式的例外——讽刺。大部分的幽默暗中包含隐藏和预期这两种意义的切换。相形之下，讽刺，尤其是挖苦这种形式，并不隐晦。它直接让明显的含义和暗中隐藏的意义正面交锋；这个性质使它成为幽默中唯一容易测量可笑之处如何传达的一种。

研究显示，基于交谈的本质，讽刺的语言不是在音高上有很大的变化，就是完全保持平板。换句话说，当人开始说起讽刺话的时候，他声音音调的变化程度会升高或降低。这听起来可能有点难发觉，但事实上不会；如果有人突然开始用和前一刻不一样的方式说话，那他有可能就是在讽刺。另外，从脸上也可以显现出讽刺的模

---

① 原文为 What's the difference between in-laws and outlaws? Outlaws are wanted。这则笑话玩了一个文字游戏。in-laws（姻亲）和 outlaws（歹徒），一个在里面、一个在外面，意思却差很多。更有趣的地方在于 wanted，字面上的意思看来虽然是亡命之徒遭到通缉，言外之意是否在说公公、婆婆、岳父、岳母都很难搞，而让人不想要呢？

样。当人使用讽刺的语言，例如挖苦的时候，他们的脸常会变得毫无表情，很像一张扑克脸；只不过，这样的表情不仅没有隐藏作用，反而还揭露了藏匿的消息。正是这个理由，就算是把影片的声音关掉，还是能从画面辨识出来是谁在说讽刺的话。

幽默的确是社会现象，它包含建立个人的和对社会的预期；要是破坏这些预期，好笑的事就会发生。就好比和别人共舞，却突然让你的舞伴转了个圈一样，好的笑话能为平凡的交谈增添风采。

同侪压力

基督教牧师、犹太教祭司和佛教僧侣进入酒吧。酒保说："现在是什么情况？这是个笑话吗？"

我第一次看到这则笑话就笑了出来，不只是因为它很奇怪，也是因为它突显了某些幽默中，我称为后设层次的面向。乍看之下，格赖斯的四项准则它似乎全都违反了，因为这些想象出来的参与者之间并没有任何交谈。牧师、祭司和僧侣，他们一句话都没说，因此酒保的评论显得相当令人惊奇。不只如此，这句话也不合时宜，除非你考虑到这个笑话的故事很长，含有两个或更多角色进到酒吧里。事实上，这个笑话仰赖的是背景知识，还有读者预期自己在听一个笑话的假设。就本质而言，这里的笑点跳脱了三位神职人员与酒保的交谈脉络，而成为针对整个笑话程序本身的评论。

这种笑话我们称为后设幽默，因为普遍来说它们涉及说笑话的后设觉察；也就是将幽默当成社交冲突的概念，且不仅仅是打破交谈的礼貌规则。电影《反斗智多星》（*Wayne's World*）中，快要结束时有一幕主角韦恩打开一扇门，门后是一间满是士兵的房间，他们在训练忍者的战斗术。他的朋友加恩问他在做什么，而韦恩的眼睛则对上镜头（电影中忌讳其一），还说这跟他们一点关系也没有。他只是一直想着打开一扇门、打开一间充满训练士兵的房间，就像在詹姆斯·邦德电影中那样（忌讳其二：和故事情节无关的打斗）。在这里你所看到的就是后设。

跳脱常态的幽默规则，这样的概念很重要，因为这就是喜剧演员如何超越事物的表面价值来说笑的方法。当我们听到笑话，我们建构起某些期待，却为了娱乐的目的而违反这些期待。这种控制下的违反，使得喜剧演员能迂回地表达一些主题赤裸呈现时并不恰当的内容。以丹尼尔·托什（Daniel Tosh）为例，他在喜剧中心电视台主持一个由短片为基础的喜剧秀《Tosh.0》。在那个秀中，他经常和电视观众分享种族歧视还有厌恶女性的评论。从表面上来看，这些评论似乎影射托什自己痛恨女人还有少数族群，但并非如此。仔细分析后显示，托什并不是在取笑这些族群，他是在取笑刻板印象这件事本身。举例来说，托什迫使他的观众溜到女人的身后去吓她们，同时不恰当地触碰她们的肚子（呃！）。他其实不是在提倡性骚扰，而是在讥讽涉及孕妇的不寻常且不恰当的社会现象，并从中汲取幽默"笑"果。

话虽如此，如果用这种幽默形式的方法不对，喜剧演员有时候会让自己陷入麻烦。迈克尔·理查兹（Michael Richards，喜剧演员，以情境喜剧《欢乐单身派对》中克拉玛这个角色广为人知）在2006年11月17日登上洛杉矶欢笑工厂的舞台时，犯了两个错误。首先，当一群不守秩序的"粉丝"打断表演时，他失去冷静。"粉丝"大叫、说他不好笑，而他却回应说：要是在五十年前，这样的行为可是会让非裔美国人的捣蛋分子被倒吊起来。仿佛这样还不过瘾，他扯了一些激进的词语，甚至明确地提到私刑。不过，他的第二个错误更糟糕,那就是他一点也不好笑。如果他能说服观众,这样的评论并不是他个人的意见,而是针对奴隶制度本身的看法,那么这起事件或许就不会变得如此引人注意。他大有可能被指控说做得太过火,不过至少大部分的人不会认为他是一个种族歧视者,而且还是一个不好笑的种族歧视者。

我们再一次看到幽默是个社会行动。有技巧的说笑话者能体会到他们沟通的不仅是一个笑话,而且是关于说话者和聆听者之间关系的信息。聆听者对笑话的贡献不亚于说话者,他们带来丰富的预期,甚至有机会愿意检视比笑话文字表面更深的内涵。

我必须承认,第一次看到《谋杀绿脚趾》(*The Big Lebowski*)这部影片时,我并不喜欢。但几十个朋友跟我说,我**一定**要去看看。然而当我去租了 DVD,在一个慵懒的周日下午想要片刻舒缓放来看时,我却大大失望。它看起来缓慢,有点荒唐,而且它的零星幽默相当分散。我知道也承认有更差的片子,但对我而言,说这部片不好看很困难,因为所有我认识的人都说这部电影很棒。不过后来,有一天晚上,一票朋友来我家烤肉,喝啤酒,在他们的怂恿下我还是让步了,我们一起又看了一次。结果,几个星期下来,我从来没有像这一次笑得这么厉害。而《谋杀绿脚趾》很快地成为我最喜欢的影片之一。

这个小故事显示,有时候幽默甚至是群体共有的,就像跳舞一样,身旁有人的时候,比较容易跟上喜剧的节拍。为了看看失谐和荒谬的时刻在实验场景下是如何在人群间共享的,我们来看看鲁赫做的研究,这个人我们已经见过好几次了。在心理学的领域,实验者通常在背景里保持中立;我们不想影响受试者,因为我们并不属于所要研究的现象。不过,如果说我们的目标,就是想看看实验者的心情能否影响受试者幽默的评等的话呢?违反实验标准程序,只靠设定幽默的口吻，能让受试者对笑话笑得更多吗？

为了测验幽默的社会本质，鲁赫要他的60名受试者全都坐在一间有电视的房间里。某个时间，有一位女性实验者向他们解释即将观赏取自六部成功喜剧的十分钟片段。例如，蒙提·派森剧团的《脱线一箩筐》(*The Meaning of Life*)，就是幽默系列短剧中特别荒谬的一个。实验者架设摄影机记录下受试者对影片的反应，并告诉受试者看完之后要为这些影片的好笑程度评等。介绍完之后，实验者便马上离开房间，让受试者自己观赏喜剧。

在第三部影片之后，有趣的操弄出现了，实验者回到了房间。控制组中，她安静地坐在受试者后面看书，不对电影做任何评论。然而，在实验组中，她却一点也不安静。她一走进来就评论说，接下来这三部电影是她的最爱，而且观赏时在好几个地方，发出可以听见的笑声。为了避免让受试者警觉这是操弄，她确保自己不会笑得太久或太明显。

结果相当惊人。有"幽默实验者"在旁边的受试者，比那些受沉默实验者拜访的人，笑的强度和频率都更高，几乎是两倍之多。而且比起实验组，他们也评断最后三个电影片段比较好笑。这暗示实验者不仅是对他们的行为，也会对认知产生影响。结果看来，"幽默实验者"的出现，使得受试者更喜欢这种幽默了。

他人对于我们自己的主观心情，尤其是幽默，所产生的影响已众所周知。这就是为什么电视上的秀会播放笑声的罐头音效；制作人知道，当我们听到笑声时，自己也会想笑。正如鲁赫的研究结果揭示的，单纯将受试者暴露在笑声当中，就可能会影响其对幽默的评等。其他研究也发现，要是附近有个演员和受试者一起笑时，受试者会笑得更多，而且将这个笑话评等为比较好笑；只要笑声能听得见,甚至不用看到那个哈哈笑的共犯也没关系。其实,光是听说附近有个朋友喜欢这个娱乐录像带,便足以增强我们的幽默反应了。

当人群靠近地聚在一起时,共享欢笑的效应更明显……身边围绕着朋友,会比围绕着陌生人使我们笑得更多……观众越多,共享的欢笑也越多。这里的每一项发现都显示,笑的内涵远远超过笑点本身。然而,也给人一种误导的印象,以为让别人笑很容易。

当我们觉得自己的情绪好像正被喜剧演员操弄的时候,这时所有的预期都消失了。举例来说,要是告诉我们,背景笑声不是现场录下观众对幽默素材的反应,而是播放罐头音效,那这个背景笑声就失灵了。指导别人要笑或者不笑,也可能招来反效果。如果要我们在看完喜剧之后憋住笑,普遍来说我们还是能遵从,然而我们对幽默的知觉还是像我们完全没有接受指导一样,是不会改变的。反过来说也一样,告诉我们有个笑话极为好笑,而事实也的确如此的时候,我们会恰如其分地欢笑并评等。但是小心,如果实验者说笑话好笑,但不好笑时,我们的笑声,连同正向印象,都会消失无踪。

简单来说,欢笑不像流行性感冒一样具有传染性。如果真是如此,我们就不可能会问"为什么其他人都在笑"这种问题,而是会直接加入笑的行列。事实上,幽默和我们亲密友谊的社会性是一样的;当一起探索共同的相似处时,便形成亲密的联系。不过,要是笑声是假的,结果就像带你姐妹去毕业舞会一样扫兴。感觉就是不一样。

两个大脑,一个心灵

记得我还是研究生的那些年轻岁月,曾经测验过一位裂脑患者,我永远不会忘记那次经历。如同字面上的意义一样,裂脑患者的大脑从中间被切分开来，这个手术叫作联合部切开术，是治疗癫痫的手段。神奇的是，你永远无法从患者身上看出他们独特的医疗史。我测验的人名叫琳达，她的胼胝体大约在四十年前便从中切断了。胼胝体是联结左右大脑半球的粗纤维条，为了停止大脑中肆虐的不正常电流蔓延，她的胼胝体自从成人之初便已被切开。虽然说现在可以执行比较不极端的治疗，达到同样的效果，不过当时琳达的手术相当成功。虽然大脑被分成两个不联结的半球，不过她不但健康，甚至和你在街上遇到的任何人几乎别无二致。她时髦、机智，和她相处很有趣；除了要她参与实验室的实验之外。

这个测验是要用 EEG 评估琳达执行"词汇判断"作业时的大脑活动，方法如第五章所述。如果你还记得的话，这个作业包含展示一串字母，并问她这些字母能不能组成一个真的字词。这对琳达来说是个困难的任务，因为她不喜欢做实验，比较喜欢和那些更有吸引力的研究生打情骂俏；另一方面也是因为这些字母串并没有展示在她的视觉中心，而是在她视觉专注之处的或左或右，我们称为左、右视野的地方。人类视觉系统中一个奇妙的面向是，当我们凝视时，所有左边的东西，会直接送到右半球，而反之亦然。之所以发生这个切换，是因为我们的视神经离开我们眼睛后不久就发生交叉；对大部分人来说，我们对这件医学上妙不可言的事一点感觉也没有，因为大脑的两半边高度连接，使得所有信息马上在两者间共享。不过琳达就无法如此。利用这种作业，我向琳达的右半球展示真正的字词，还有无意义的字串，看看它是否能判断差异。由于左半球在正常交谈下，通常发声太快，使我们大脑的右半边几乎对语言没有贡献；尽管如此，事实上右半球真的可以判断差异。为了听到她右半球的声音，我必须直接看她的大脑。

像琳达这样的裂脑患者，揭露了我们大脑的两边有多分离，以及我们实际的思考有多分裂。我是亲眼看到这一幕：琳达反复向我保证，她不知道自己看的是什么，尽管她的大脑对这些字母一清二楚。她向我们争辩并抱怨，说我们用这些可笑的心理学实验在浪费她的时间；而她所做的宣称，其实都是具有语言优势的左半球所为。然而，我从 EEG 中观察到，她的右半球确实知道自己在做什么，而且尽其所能地大声呐喊。但它就是没有言语的管道，所以这个声音必须用别的方法来维护自己的立场。

大多数人之所以能利用全脑的途径来面对生命，是因为胼胝体让我们得以如此。然而，我们大脑的半球**是**特化的。我们稍后会看到，有一个区域就是为了笑话而特化的。琳达有非凡的幽默感，事实上是在她非凡的 80 岁时，仍如此幽默。但是，她大脑中的"幽默角落"不得不用特别的方式来维护自己的立场，包括用低级幽默和牛脾气来对待煎熬的研究生。当琳达应该要注视字母的时候，她常常告诉我她很无聊，还建议我们改在沙滩上继续实验。她会问我有没有在实验室里偷藏的烈酒，而且提议我们应该跳过实验来享受欢乐时光。有一次，她在实验中途停了下来，问我走在烈日下，会不会很痛。我花了几秒钟才恍然大悟她是在说我没有头发的事；光头这件事从实验开始就不曾改变，却在此时突然受到即时的注目。有的时候我在想，她之所以自愿参与我的实验，只是因为看到我如此挣扎着要让她专注在实验作业上，实在是非常好玩。

为了展现我们的右脑对于幽默是多么特别，我想向你介绍霍华德·加德纳（Howard Gardner）。大部分的人知道加德纳是哈佛的发展心理学家，发展出有名的多元智力理论，不过他也是好几个领域中活跃的实验者，包括右半球幽默。大家都相当了解，通常因为中风而导致右半球受损的人，常会误解笑话。加德纳做了研究，告诉我们为什么会这样。明确地说，加德纳给 12 位正常的控制组受试者以及相同数目的中风患者，一共 24 位受试者看一系列的笑话。这些中风患者全都只有在大脑的右额叶侧受损。不过，加德纳并没有呈现笑话的整体，只展示笑话的营造句，还有四个可能的结尾；每个结尾代表一种不同的结局，其中只有一个是好笑的。以下是这个实验中的实际笑话：

  星期天下午，有个邻居想借东西，走向史密斯先生并询问："嗨，史密斯，你今天下午会用到除草机吗？"
  "嗯，我会用到。"史密斯机警地回复。
  这个想借东西的邻居接着回答：

现在选择来了。展示了四张不同的索引卡片，每一张卡片上有不同的结尾。你会选哪一个来完成这则笑话？

  甲："那好，这样的话你就不会需要用到高尔夫球具。我正想跟你借这个。"
  乙："你也知道的嘛，别人的总是比较好。"
  丙："你用完之后，是不是方便让我用呢？"
  丁："哎，要是我的钱够的话，就能买一台自己的了。"

  很明显地，甲才是正确答案；其他三个也说得通，只是不好笑。第二个结尾牛头不对马嘴，它包含惊喜的元素（好的笑话应该要有），但没有连贯性。第三个结尾不只没有纳入惊喜，还相当直白。而第四个就只是个令人悲伤的结尾。
  加德纳观察发现，这些右脑受损的患者，不容易找出正确笑话的结尾，正确鉴定的概率几乎不到一半。除此之外，他们犯错的选择并不是随机分配在其他的选项,而是偏于牛头不对马嘴的结尾。简单来说,右半球受损的患者能够鉴定出惊喜是必要的,但在决定是什么真的会让笑话好笑有困难。

从加德纳的研究中,我们看到右半球缺失的一个重要面向,也就是无法鉴定笑话的意义。我们之前已经发现,每个笑话都包含了说话者和接收者之间,说出口和没说出口的沟通内容。而没说出口的内容,正是我们需要右半球来做的事。在上述的笑话范例中,没说出口的信息是没有人想借东西给一个有借无还的邻居;而右半球受损的患者无法领会这个信息。

左半球和右半球缺失之间的差别,科学家已经研究了超过一百年;但直到最近,我们才开始认可它们对幽默的影响。典型的左半球受损会导致语言缺陷。如果中风破坏左上颞叶脑回的后端,我们在理解书写或口头语言上便有困难。而左下额叶脑回的缺失,则会导致语言产生的缺陷。这些症状和右半球受损的效应差别非常大;大脑这一侧受损并不会损坏我们说话或理解的能力,但确实会影响我们与他人交往的能力。有些案例中,我们会经历情绪的静默;另一些则是在跟上交谈或是理解语言的复杂面向,如隐喻等问题感到困难。还有一些案例,我们会失去"听懂"笑话的能力。

幽默不只是居住在我们大脑的右半边,但确定是右半球占优势的功能。这种功能侧化对社会互动的影响很大,因为右半球也帮助我们辨识沟通背后的意向。谎言和讽刺的笑话之间的主要差异,在于认清讽刺的叙述并非意图欺骗。右半球受损的患者挣扎于讽刺式幽默,是因为他们无法领会沟通中没说出口的面向。正常情况下,我们依靠说话者的手势和音调来决定这场交谈是否带有挖苦或讽刺;而右半球受损的患者却做不到。他们只在字面意义上运作,因此经常错失细微的情绪和非语言线索,而这些细节往往提示这是幽默的交谈。要能充分理解并欣赏好的笑话还是需要两个脑半球才行,不过很清楚的,它们并不需要联结在一起。

埃兰·赛德尔(Eran Zaidel)说:"幽默还是留存在裂脑患者身上,这是由于两边都还是完整无缺,只是分开来而已。"他是最早开始研究裂脑的神经科学家之一。他的研究所指导教授罗杰·斯佩里(Roger Sperry)发现两个脑半球能独立"思考",而获得了诺贝尔奖。"我也曾经看过他们(裂脑患者)展示某些惊人的幽默感,整天说着笑话,"赛德尔接着说,"但因为像维持社会关系等技能,是右半球特化的,而语言则是侧化到左半部;这使他们有时候难以发现幽默。如此一来,你如何去寻找幽默以及如何让它表现出来就变得非常重要。你不能只是看字面上的意思而已。"

有一次,赛德尔计算出琳达和另一位裂脑患者菲利浦所说的14种不同种类的笑话,然而发现,他们说的笑话和一般大众的差别在于,他们的笑话和存在于左半球的语言功能没有什么关系。这个发现对琳达所说的笑话尤是如此;琳达很少使用双关或其他的文字游戏,不过她却善于社会式幽默,尤其是取笑的那种,包括对她自己。"我告诉我先生自己比他聪明很多,"有一次她这么说,"因为我有两颗大脑,而他只有一颗。"

我们通常不会体会到,两个脑半球是多么努力地一起工作,以带给我们完全的认知体验;这不只对幽默,也包含意识本身。赛德尔有一次问了菲利浦一系列专为左右半球分别设计的问题,发现这两边大脑具有不同的人格和对生命的观点。他的左半球的自尊相对较低,右半球则用较正向的眼光看待自己,而右半球有较多的孤独与悲伤感。另一位裂脑患者的右半球则是特别受到儿童期遭到欺负的记忆影响,尽管他的左半球否认这样的经验会带来不悦。还有一个裂脑患者,问他是否相信神的时候,他的左半球回答"信",而右半球则答"不信"。

　　大脑中的资源划分强烈影响我们如何思考。例如，一说到语言，尽管左脑做了大部分的粗活，右脑则以辨识微妙语意（包括笑话中）的形式，对理解有所贡献。这说明了一件事，那就是右脑在想出有洞见的联结上很重要。它对诗歌也很重要。当诗化的语言以暗喻等创意的形式向右半球展示时，比起向左脑展示处理这种语言，我们可在行多了。所以说，也许右半球就像是我们不照字面解释的朋友，喜欢从一个主题跳跃到下一个主题，在诗歌、笑话以及其他艺术的耕耘上帮助我们。独自运作时，它可能会迷失；但是当它和比较严格也比较如实运作的左半球配成一对时，便能让我们取得平衡，并保有洞见与创意。少了任何一个半球，我们都可能会迷失。唯有两个半球结合在一起，我们才会有强大的理解与创造力。

有趣的关系

　　幽默是个社会现象，它对人际关系有直接的影响。我们之前看过，当一群在笑的人围绕在你周围，会增加我们认为笑话好笑的机会。但是这个影响反过来也是有效的：保持幽默的态度会改善我们社交的品质。这透露了一些重要信息，不只是幽默，还有人际关系这件事，都是需要通过共同的经验，让彼此更加接近。我们会和有相似生命观点的人互相联系，而幽默正是开启这些观点的最好方法。

　　我们不需要辛苦找出幽默对恋爱很重要的科学证据。已经有无数的研究员问过，最渴望伴侣具有的特质是什么；而有一项特质总是名列前茅，那就是幽默感。2007 年发表于《性行为档案》期刊上的一篇研究发现，幽默感是最渴望特质中的第二名，只落在智力之后。女人把它排在第一；而男人则排第三，落于智力和美貌之后。

然而，对幽默的喜好并非向来如此强烈。在 1958 年做的一个相似调查中，幽默在女人偏好的择偶特质里面，排名则低上许多，排在"梳妆整齐""有抱负""在金钱上做出明智决定"等特征之后。到了 1984 年，排在"智力"和"敏锐度"之后。1990 年变成第二名，还是输给"敏锐度"。

这种优先顺序上的转移的理由，可能是因为女人不再受限于少数类型的工作，所以她们开始对男人有不一样的预期。对一个人来说，抱负和金钱管理的能力很重要；但是当这些责任在伴侣关系中必须共同承担时，就变得大不相关了。身强体健又雄心勃勃的男人很不错，但找个也很有趣的人更好啊！不过这还是没有回答：幽默到底有什么特别的？

在探索这个问题前，我们需要先认清一件事，那就是对幽默的喜好不是普遍的，而是美国文化的一部分。举例来说，幽默几乎没有在其他国家如此吃得开。一个针对西伯利亚女人的调查中，幽默甚至排不上伴侣最重要特质的前十名；事实上，它排在接近二十名之列。这或多或少解读了西伯利亚女人，但我觉得这更解读了美国的女人。在美国，我们想要欢乐、想让自己开心，也喜欢被娱乐。这种渴望并不肤浅，而是建构关系的重要部分。西伯利亚的人也想要欢乐，但是忠贞（排第二）、可靠（排第四）以及对小孩的爱（排第九）全都比较重要，这是因为西伯利亚的生活维艰。俄罗斯人是个快活且宽厚的民族，但这要靠老天保佑不出乱子——如果哪天，当食物稀少、白雪皑皑而伏特加却很多的时候，有个可以依赖维持家计的配偶才是无价之宝。

也许幽默如此重要，尤其是对美国女人来说，是因为它会随时间演进。它帮助我们表达思想及价值观，这两件事是鉴定相容性的重要目标，能帮助我们建立社会关系。从演化的观点来看，这些好处会产生一些有趣的问题。例如说,幽默能否演进到可以预测伴侣品质呢?幽默有无特别之处,能够挑出有趣的男人,而那个人?恰好就是特别优秀的伴侣呢?

要了解自然选择是怎么带来幽默等种种复杂的行为,是很困难的,因为这需要层层的推测。这就像在台球桌上看到四处充满着移动的球,然后要猜出让球开跑的那一杆的方向和速度一样困难。然而,猜想幽默对我们这个物种而言,为何变得这么重要,还是相当有用。我们永远不会确切知道,为什么它会朝这个方向演化,不过科学家却有些不错的理论,能说出许多性别间的幽默差异。

演化的论证是从女人在生殖上冒较多风险这样的前提开始的,因为她们孕育小孩的机会极为稀少。如果成功的话,每一次尝试都至少需要十来年的教养。而她们的机会也会在中年末期结束,意味着一个女人尝试的机会可能不太多,所以每一次都要把握好。相形之下,男人能同时成为许多孩子的爸爸,这个能力几乎至死方休;而且他们在初次贡献之后,也没有太多牵扯。所以说,男人可以比较不挑剔,而女人则必须好好选择,并用一些细微的魅力只吸引那些最好的配偶。欢笑就是魅力之一,就好像幽默感是男人展现自己是佳偶的一个方法。这个论证至少能做出两个预测结果:女人应该比较会笑(的确,如我们之前所见,她们比男人多笑了大约125%),还有就是幽默在男人与女人身上扮演的角色应该不一样。对男人来说,好笑,而且能让伴侣欢笑的能力应该是最重要的考量。而对女人而言,应该是要有能欣赏幽默的能力。

这样的预测的确是真的。马萨诸塞州西田州立学院的心理学家埃里克·布雷斯勒(Eric Bressler)做了一个研究,他问男性与女性受试者下面两个叙述哪个比较重要:有趣而且能生产许多高品质笑话的伴侣，或是能欣赏自己说的笑话的伴侣。问这个问题，是因为它能适用好几种关系，从一夜情到长期的恋爱。结果很清楚：几乎在各类关系中，女人都比较喜欢好笑的男人，而男人则偏好欣赏自己幽默的女人。唯一的例外是柏拉图式的精神契合友谊，这是唯一不可能产生后代的关系（假设他们维持纯友谊的话）。在这个类别中，男人并不在意自己好不好笑。

先不管我们从演化史中验证的事，幽默仍然维系了我们心理和生理的健康。不论是通过对笑的开放态度，或是致力于使人欢笑，幽默让我们变得更讨人喜欢。这或许解释了在亲密测验中评等高的人，为什么也会有好的幽默感；同样的道理，在信任、可靠、仁慈等测验中，也有相同的结果。

简而言之，幽默不只是在择偶方面，在维持健康的伴侣关系中也是至为关键的。一段关系需要投入努力；而发现一颗愿意付出心血的心灵的绝佳方法，就是去寻找好的幽默感。十对夫妻中有九对都会说，幽默是他们关系中的重要部分。比起那些婚姻失去功能的夫妻来说，坚固婚姻状况下的夫妻也说他们比较重视并欣赏其伴侣的幽默。的确如此，一些检验互相扶持45年以上的婚姻长跑夫妻档的研究中发现，共同欢笑是成功婚姻中不可或缺的要素。

看来幽默对建立健康关系的重要程度和对维持健康的身体和心理一样。就好像幽默的态度表示心智忙碌，双方对幽默生活的共同欣赏，则表示伴侣关系或婚姻的强健。好的幽默感不只是一种观点或展望，而且是与我们亲近的人共享期望的方法。

所以说，与幽默翩然起舞吧，要建立一段坚实的关系，除了找到一位与你踩着相同节奏的人共舞之外，没有更好的办法了。

第八章

噢！你将要去的地方

> 人会坦承自己叛国、谋杀、纵火、装假牙、戴假发。这些人当中，有几个会承认自己欠缺幽默感呢？
>
> ——科尔比（Frank Moore Colby）

在最后这一章，我要用一个故事当开头，而且这个故事还颇不寻常。故事在说两位首席执行官之间的掰手腕比赛。这个比赛在大庭广众下举行，为的是要决定一则广告标语的所有权。就一本关于幽默的书来说，这个题材是一个不寻常的转折，但它展现了幽默何以俯拾皆是。

大公司利用掰手腕的比赛来平息争端，不是平常会发生的事；不过史蒂文斯航空和西南航空，也不是你所想的那种典型公司。我们讨论的赛事，起始于西南航空开始在广告活动中使用"Just Plane Smart"这句短语。这则标语符合西南航空聪明与桀骜的性格，因此极为成功；除了一个问题之外。史蒂文斯航空是一家飞行器保养维修公司，它的基地在南卡罗来纳州——问题就在于史蒂文斯航空早已在使用这则标语了。事实上，史蒂文斯航空用的是"Plane

Smart"，但是两则标语已经相近到需要律师火速介入的地步了。像这样的争端并不少见，通常以其中一方放弃其标语作结。不过西南航空的首席执行官赫布·凯莱赫却有另一个点子，他以个人名义向史蒂文斯航空的首席执行官赫沃尔德下战帖，想来一场掰手腕的比赛。公司员工可以当观众，而所有募集来的金钱将投入慈善。比赛的获胜者可以保留标语，而输的一方则要向他的董事会解释丧失权利的原因。凡是聪明的生意人都不会拒绝这种挑战，尤其像赫沃尔德这样，年轻、健美、带劲的健身爱好者。

为了让你领会敢发下战帖所需的十足勇气，你应该要知道一件事，那就是凯莱赫与健身爱好者的概念恰好背道而驰。在训练录像带中，他炫耀自己年近不惑的粗短身材，以及因酒精与香烟而松软的肌肉。嘴里叼根烟，他用野火鸡威士忌的酒瓶练举重，为这场比赛做训练。在他为这场比赛做的准备录像带中，凯莱赫需要三位女管家，才够帮助他完成一次仰卧起坐。

这场比赛，后来被称为"达拉斯的宿怨"，在1992年3月下旬一个阳光普照的早晨，于达拉斯体育厅中数以百计的"粉丝"面前举行。当凯莱赫到场时，群众不停喊着他的名字"赫布！赫布！赫布！"，他的胆识几乎无法被草率扎着的浴袍覆盖住。凯莱赫的右手臂用吊带吊着，因为他"救了一位奔跑穿越I-35高速公路，而差点被车撞的小女孩"受了伤。他还抱怨自己受了一星期感冒之苦，连足癣也犯了；但这都无法阻止他在赫沃尔德进入竞技场时，朝他的对手猛扑过去。公司的职员必须阻止两位执行官暴打。

"我们不需要讨人厌的臭律师，我们要像真男人一样干一场。就在这个竞技场上！"广播员如此宣告。于是，战争开打了。

商业界中，公众宣传可能是一家公司最大的资产，而这场赛事的价值已可比黄金。数以百计的群众以及数十家电视台，包括 CNN 还有 BBC 都来看这场赛事。凯莱赫为了确保比赛有看头儿，一开始就展示从得州最高法院申请来的代替令；代替他出赛的将是得州职业掰手腕冠军琼斯。赫沃尔德强烈抗议，但是公司职员忽略他的抱怨。于是，西南航空赢得了三局比赛的第一局。此时，赫沃尔德宣布："既然他们找打手，那我也可以找打手。"此话一说完，便推出自己的替身。然而，赫沃尔德找的不是职业选手，而是介绍"杀手"科茨出场，她是史蒂文斯航空一位娇小的客户代表，体重大概只有凯莱赫的一半。虽然如此，她还是易如反掌地赢得第二局比赛。

到这个时候，赛事竟转变为一场暴行。赫沃尔德在第三局也是最后一局比赛中击败了凯莱赫；而毫不意外地，凯莱赫抗议表示不满。就在当下，事情开始变得很奇怪。因为某种不甚明白的理由，一位职业摔跤选手跳进了竞技场，勒起了凯莱赫的脖子。当凯莱赫倒地的时候，赫沃尔德竟回到竞技场上，保护他免受紧身衣肌肉男的迫害。一阵乱斗接踵而来，最后凯莱赫和赫沃尔德联手追打身着弹性纤维衣的入侵者，终于把他给赶跑了。而这个争端最后是以握手言和收场。

"我只是想表现自己没什么埋怨的情感，也不想被控诉吃年长市民的豆腐，"事情平息下来时，赫沃尔德如此宣布，"我们决定允许西南航空继续使用我们的广告标语。是**我们**的标语。代价是要捐 5000 美元给麦当劳叔叔之家，他们比西南航空更需要这笔钱。"

这场赛事的确是公众宣传上出奇制胜的一招妙计；它使西南航空与史蒂文斯航空显得既时髦又有趣，并且确立了凯莱赫和赫沃尔德自信经理的形象，愿意为自己的公司扮小丑。赛事之后，凯莱赫接受访问——当然他是坐在急救担架上受访的。他被问到在正常情况下，西南航空会愿意为这样的广告曝光付多少钱。"哦？我从来没有用这种角度想过这个问题。"他虚情假意地如此回答。美国总统两天后写信给凯莱赫，恭喜他想出这么聪明的点子。《商业周刊》及《芝加哥论坛报》报道，凯莱赫和赫沃尔德乐于一扫沉闷的商业形象，带来娱乐，这正是让西南航空如此特别的原因之一。而事实上，在其31年的历史中，这也是唯一获利的一年。

在这一章里，我们将用不同的途径来接触幽默。我们的大脑是冲突处理机器，它会把歧义与困惑等等转化为喜悦，知道这样的信息固然不错；但是对于那些只是想说个好笑话的人来说，观察幽默是如何应用在真实世界的时候来了。看看像凯莱赫和赫沃尔德这样的人，如何将好笑的事玩成自己的优势。幽默能让我们成为更好的人，不论是员工、学生或是经理，而懂得辨识在以上各种角色中该如何使用幽默是很重要的。而了解科学做了什么来帮助我们将幽默潜能最大化，也是同等重要。

噢！你将要去的地方

在20世纪80年代，商业界有件事发生了变化。西南航空不再是唯一在工作场所使用幽默的公司，全世界的公司开始认可幽默能卖钱。举例来说，新聘用的新英格兰证券总裁向新进员工自我介绍时，读了苏斯博士《噢！你将要去的地方》这个故事，作为促进公司核心价值的方法。DEC这家电脑制造公司创造了一支"怨念纠察队"，游走在工作场所中以鉴定心怀怨怼的员工。还有，旧金山警察局在得知先前的工作坊让住户对犯罪的恐惧不减反**增**之后，雇用了幽默顾问，为他们的街坊犯罪预防工作坊更新信息。

我们至少知道，这样的途径能提升员工的工作士气。一份由坎贝尔研究公司所做的调查发现，设立像是"轻松星期五"这类活动的公司中，半数见证了相伴而来的生产力进步；更有81%的公司改善了工作场合的心情。的确，笑呵呵的员工就是懒惰的员工这种概念早已过时；就跟工作认真意味着不苟言笑的观念一样古板。"从来没有人认真到无法幽默，"克利斯这么说，他是蒙提·派森剧团成员之一，也是世界上最大的影剧训练经纪公司Video Arts的创办者，"我想许多人对一件事有基本的误解，那就是认真和严肃是不一样的。"

就结果看来，认真和严肃的差异在专业领域颇为重要。认真让我们专注在进步上，这无疑是有好处的。而严肃通常也能达成同一件事，只不过它强调拘谨而且避免鼓舞。这也没啥问题，尤其是在某些情境下，鼓舞并不恰当。但总也会有需要一点点乐活态度的时候呀！

很幸运地，科学**已经**显示乐活态度能帮助我们的工作表现，而且对很多工作都是如此。举例来说，表现出有趣的态度能帮助我们隐藏组织技巧上的瑕疵。当我们在演讲时，大部分的状况下会小心地运用有逻辑和意义的顺序来组织论点。但研究发现，只要我们将幽默纳入演讲，就算是同一个演讲且论点随机混杂，观众也不会发现问题。当我们把适当剂量的笑话和幽默的小故事包装到杂乱无章的概念中时，信息传达的效果可能和它们经过妥善组织时一样好。

幽默在教育界也一样重要。最常用来研究幽默的环境之一就是教室，一篇又一篇的新发现显示，学生比较喜欢上风趣老师的课。幽默让教室的气氛变得更宜人，它能增加学生学习的动机并让老师得到更多正向评价。举例来说，教育顾问海格在他的学生开始无法准时交上家庭作业时，不但没有增加惩罚，反而发展出一种借口三向图。图上的三个边对应到三个最常见的借口类型：**无助**、**无望**，还有**无法控制身体**。每当学生碰上麻烦，整个班级便一起合作，决定该问题在图上的适合位置。一年过去了，找借口的情形变少了，而学生也开始为自己错过期限负起责任。海格说："老师如果能将焦虑的情境转换成包含共同经验的幽默情境，那么在这场游戏上，老师是远远超前的。"

这种方法对任何年龄的学生都有用。它甚至曾在美国西点军校这样保守的学校中使用过。西点军校曾要求学生用幽默、体能、智能以及周详等特征当作依据，来判定谁是特别有效率的领导者。好的领导者在幽默上的评等，显著地比那些不好的领导者高；而且，就算控制了其他变项，结果也是如此。

这些发现显示幽默能让教室变得更有趣，不过实际上它真的能帮助学习吗？答案绝对是肯定的。例如在圣地亚哥州立大学进行的一个针对超过五百名学生的研究。这些学生以为他们选了正常的心理学导论，课程涵盖弗洛伊德的人格理论，不过不同学生听的讲座种类却不一样。其中一种讲座纳入与课程内容相关的幽默。第二种讲座包含的幽默则与课程内容不相关，但还是会让学生很开心。第三种讲座就完全没有幽默，只有认真地讲授该科目的题材。当研究员在讲座六周后测验学生还记得多少时，发现讲座内容中包含了相关幽默的那班学生，得分显著高于其他学生。简而言之，幽默对学习有益，但只有当它聚焦在我们试着要学习的东西上时。

关键在于让幽默与学习过的素材产生联结，因为它能让心智专注。比起用直接的方式呈现概念，幽默迫使我们的心智产生更多运作。这种运作是不可或缺的，就像举重能长肌肉的道理一样，都是额外的努力使我们更强壮。幽默的好处甚至会持续很长一段时间。以下面这则漫画为例，这是特拉维夫大学用来教儿童统计学的教材。漫画描绘了一位非洲探险家对一群小孩说，不用担心当地的掠食者："没有必要害怕鳄鱼。"探险家这么说，"这附近的鳄鱼平均体长只有大约 50 厘米而已。"而背景中有一只巨大的鳄鱼要来吃掉这位探险家。这些小孩窃窃私语：他不应该把标准差也给忘掉了。①

训练老师在教室说相关的笑话，纵使数量少到一堂课只用三个，学习效果便会增加将近 15%，这些进步还会持续整个学期。

经常公开演讲的专业人士也没有缺席。国会辩论、最高法院的审讯、白宫简报，以上各种场合都充斥着幽默，尤其是需要幽默来协助处理棘手问题的时候。洛克哈特是克林顿总统 1998 到 2000 年的新闻秘书，他就是一位幽默大师。有一次，他被问到该如何解释第一夫人频繁的外交之旅。在那个时候，这样的出行所费不赀，其获得的注目并非政府所乐见。而洛克哈特回复说，这都是国务院买的单。一位记者问道："你说，'国务院'和'纳税人'之间有差别吗？"这个问题可不是开玩笑的，因为政府的开销向来是火热的政治议题。洛克哈特唯一的解套办法，就是把这个情境转变成一个笑话。结果成功了。"没差别，"洛克哈特这么说，"只不过我说'国务院'，大家听起来会好一点。"

从这些例子看来，幽默似乎纯粹是自私的、用来隐藏演讲结构上的瑕疵，还可以岔开不想谈论的主题。某种意义上来说确实如此，不过它的用途还更为广泛。尤其是在政治上，幽默可能是个无价的武器。每个超过 30 岁的人都记得 1988 年总统大选本特森跟奎尔的辩论，那时候这两个人都在角逐副总统的位置。当他们回答自己拥有何种能力，能够在非常时期递补总统位置的问题时，奎尔将自己与约翰·肯尼迪的晚年表现相比，但本特森对此嗤之以鼻。

---

① 统计学上，平均数用来表示数值的集中趋势，而标准差则表示分散趋势。也就是说，如果标准差很大的话，表示这个地方的鳄鱼有的很大、有的很小。小孩的意思是，探险家只注意鳄鱼平均身长，却忘记考虑群体中变动程度这回事了。

奎尔："我在国会的经验和肯尼迪要选总统时一样长。"

本特森："参议员，我与肯尼迪共事。我认识肯尼迪，肯尼迪是我的朋友。参议员，你一点都不像肯尼迪。"

观众大笑且喝彩不断，久到主持人必须中断并让他们冷静下来。本特森寥寥数言便将对手打垮，不过也因为他的评论中带有一些游戏成分，倒让自己不会显得残酷。这就是包含多重信息的谈话：本特森同时对照了两位政治人物。他把自己和其中一位放在同一阵营而排除另一位，并影射了某人是该被骂一顿的小孩。

然而，幽默就像任何武器一样，也可能会产生反效果。就在2004年总统大选之前，有个研究询问了一百多位选民，要他们去想象一个假想情境。情境中有两个假想的政治人物进入白热化的辩论；这场辩论变得非常紧张，主持人不得不介入。此时，其中一位政治人物为自己激动的态度道歉了。这里有他道歉的两种版本，我想让你猜猜看受试者觉得哪一个比较有效。

> 我知道，我可能一讲起来，就说得有些过火了。我的女儿甚至说，主持人应该要在我说太久的时候，放音乐把我的声音盖住，就像艾美奖颁奖典礼那样。

> 你一定要谅解我；当我是对的时候，我会生气。而我的对手则刚好相反，当他错的时候会生气。结果就是，大部分的时间，我们都在生彼此的气。

目前为止，第一个版本被评为比较有效，它被评为较能改善关系、克服冲突，并找出共同点。对谦逊特质的偏好强烈到甚至能克服政治束缚。如果把假想情境中描述的候选人贴上像是"民主党"或"共和党"等等标签,那么就算是这个评断的人本身属于对立的政党,他仍然会认定第一种说法比较有趣,也比较有效。

简而言之,政治式幽默不一定要侮辱别人才会成功;也不需要拥护自己的既存价值或信念。它只需要透露自己在想什么,而且最好能带点儿谦逊,这样群众才会买单。

将人群带向彼此的确是本书的重要主题;幽默很清楚地在社会群体间筑起桥梁。一位管理学教授发现,新西兰信息科技的员工爱说笑的人格,能让员工放心地去质疑权威,而增进工作的活力。一个长达一年、针对旅馆厨房员工的民族志研究显示,就算是用在批判,幽默也能借由突显共有的信念和责任而强化群体。一份深度观察意大利撒丁岛上贩鱼市场员工的报告指出,幽默能通过提醒员工共同的目标,达到将他们带向彼此的效果。

许多团体都有他们自成一格的幽默,每一个都有其独特风格。犹太式幽默是最古老的一个。"犹太民族自其成为一个民族,至今已经有 5758 年,而华夏民族只有 4695 年。这件事对你来说,有什么意义呢?"犹太教祭司这么问。学生回复:"这代表犹太人必须挨过 1063 年没有中国食物的日子。"女同性恋式幽默也相当受欢迎。有篇期刊文章《需要几个女同性恋者才能把灯泡旋紧》引起许多争议,要解决这些争议需要超过 40 页的文章来解释。甚至还有一种笑话的类别叫作"白种垃圾式幽默";这些笑话经常以这个短语当开场"如果你……,你大概是个红脖子"① (这个用法是福克斯沃西在 20 世纪 90 年代炒热的)。语言学家戴维斯 (Catherine Evans

---

① "白种垃圾"的原文是 white trash,是对穷苦白人的轻蔑语。而"红脖子"的原文是 redneck,指的是穷苦的美国南方农民辛勤工作而晒红了脖子。

Davies）指出，这些笑话通过将南方劳动阶级的个体与低下的社会阶级做出分别，而将他们正当化。"红脖子"这种称呼，指的是值得尊敬的劳动阶级；而"白种垃圾"则不然。

简单来说，幽默能锻炼心智，使我们成为更好的学生和更好的老师。它也能让我们变得更有组织，帮助我们让论点使人容易了解，不论是在法庭或是在贩鱼市场。在下一节，我们将提出幽默更为重要的面向，那就是它和智力的关系。智能和幽默两者都包含"纷乱的思考"。现在该是时候来看看，为什么训练大脑变得爱笑，是另一种训练它变得更聪明思考的方式。

更棒的影射

幽默之所以这么繁杂，是因为我们人的本身就相当繁杂。我们欢笑、哭泣、拥有高度可塑的人格，因为我们的大脑一代一代地发展，变得有适应力。要是没有笑的能力，我们便没有办法对许多发生在身上的事有所反应。要是没有幽默感让我们从失谐或荒谬中汲取愉悦，我们可能一辈子都活在恒久的困惑中，而无法偶尔将那样的情感转化为娱乐。

在这层意义上，幽默和智能一样都是重要的演化特质；因为要是没有它，我们就无法处理自己创造的复杂世界。我们在前面讨论过，幽默很像使用工具和语言的能力，随着连续的世代演进。人类需要一个处理冲突和困惑的方法，还有什么方法比笑来得更好呢？就好像创造力和顿悟一样，幽默让我们不必拿棒子打破别人的头，就能解决问题。而且，幽默也是人生而为人的基础部分，它与其他任何一个独特的人类能力，都发展出紧密的关系。

很神奇的是，甚至在人类十岁时，幽默就与智商相关。这个发现是由心理学家安·马斯腾（Ann Masten）观察而得。她向一群十岁的儿童展示各种齐格的漫画，漫画是针对这个年龄层，依其不同复杂度与幽默感挑选出的。当儿童凭自己主观感觉为这些漫画评等，并解释每一幅漫画为什么好笑时，马斯腾录下他们脸部的影像，并指出微笑或大笑的事例。接着她给这些儿童看一系列没有标题的漫画，要他们想出幽默的标题。马斯腾便利用这些儿童正确解释漫画的能力，用来决定他们的"幽默理解力"；而他们想出有趣标题的能力，则测量他们的"幽默生产力"。

马斯腾发现，不论是幽默的理解力或生产力，都与她分别测量到的儿童智力显著相关。智力和理解力的相关系数是 0.55、和生产力的系数则是 0.5，考虑相关系数的最大值不过就是一，这样的数值相当可观。甚至连儿童对这些漫画发笑的程度，都与他们的智力紧密联结，相关系数为 0.38。如果说，智商和工作表现也有几乎相同的相关系数，幽默或许可以像大部分人生成功的操作型指标一样，能用来预测智力。

先前指出，学习让自己变得好笑，甚至有可能使我们变聪明。来看下面这个假想情境：你进到一间实验室，有人要你完成一个解决问题的任务。但是在你开始做之前，你必须观赏人气电视秀中好笑的出糗精选集。另一群受试者就没那么幸运了，他们要看五分钟纳粹集中营的纪录片。还有另一群人看一部标题叫作"曲线下的面积"的数学影片。第四群人则是完全不看影片，但是要他们吃一条糖果棒、放轻松，或是在实心的积木上做两分钟踏上踏下的运动。

以上每一种操弄，都意图使用不同方式影响心情。我们预期数学影片的影响最小；纳粹集中营的纪录片应该会让人沮丧。而不论是糖果或是有趣的录像节目，都预期会引起好心情，但只有一个是故意要引起笑声的。问题来了：只有欢笑能不能影响之后的任务表现呢？

为了找出结果，受试者执行了最后的任务。该任务也很有挑战性，它叫作杜拉克的蜡烛问题，内容是这样：给你一盒图钉、一根蜡烛还有纸火柴；然后要你把蜡烛固定在墙上，而且烧的时候蜡油不可以滴到地上。如果你之前看过这个谜题，问题的解答你可能已经知道了；答案是先用图钉把空盒子固定在墙上后，接着用蜡油或是另一枚图钉将蜡烛立在盒子上。对许多人而言，这个任务有挑战性的地方在于"功能固着"，也就是没办法看出盒子除了装图钉之外，还能达成其他目的。蜡烛不见得要直接"固定"在墙上，而且盒子除了装小东西外，还能做更多事情。

当埃森和其他两位同事在马里兰大学做这个实验时，116位受试者中，只有32位想出解答。不过要是将结果依据受试者尝试解题前所做的事加以分析，有个惊人的发现。数学影片组的受试者只有两位解开这个谜题；运动组的只有五位。事实上，除了其中一组之外，其他没有任何一组的受试者的解答率超过30%。看了好笑的出糗精选集的受试者，成功率达58%，19位中有11位解答成功。

当我告诉妻子这项发现的时候，她问我现在怎么没变成天才。毕竟，在我一生当中看了数以百计的喜剧。所以说，怎么不见我成为世界上最聪明的男人呢？这是个很好的问题。我的回答是，虽然我没变成天才，不过要是我没看那么多次《非常大酒店》的重播，想象一下现在的我会有多笨吧！这是我所能想到最伶牙俐齿的回应了。

顿悟不是唯一能从幽默得到好处的复杂认知技能，"心像旋转"这种在脑海中旋转物体的能力也是。这是一个常用来评估空间能力的任务。从结果来看，看了好笑笑话的人，在心中旋转和扭转抽象形状这件事的表现比较快速，尽管笑话中包含极少的视觉意象。阅读好笑的笑话也会增加我们创造力测验的分数，这反映了心智的流动性、弹性与原创性都增加了。有个研究甚至显示，看罗宾·威廉斯独角喜剧的录像节目，能帮我们想出字词联想问题中不太可能想到的答案。

很难说出为什么观赏喜剧能让我们更加聪明也更有创意。也许因为幽默是心智的锻炼，而它能提供一些非常必要的暖身吧！我之前分享过，自己这辈子跑过两次马拉松，两次身体状况都还差强人意。但那已是好一阵子之前的事了，从那之后许多事情都不一样。现在如果要我跑那么远，我可能会累趴成一摊肉球。锻炼并不能永远改变我们，而幽默也是一样的。幽默是一种心理锻炼的形式，它让我们的大脑保持活跃。我们的大脑必须规律锻炼；如果真能如此，嗯，大概就没有什么事是我们做不到的了。

变得好笑

在1937年，承认自己幽默感低于平均的人不到1%。47年后，一份类似的调查显示，有6%的人承认自己在好笑这个特质上低于一般水准。现在的问题是，是大家都变得越来越好笑，又或者是我们的自我意识变得略为清明呢？

就统计学的初步了解来看，第一种解释不会是正确的，因为从定义来看至少有一半的人应该要低于平均。我喜欢把这种现象叫作"丹·库克效应"（Dane Cook Effect），也就是说，不论我们认为自己有多好笑，可能都太乐观了。当自己的另一半或是妈妈对我们所说的笑话捧腹大笑时，我们很容易相信自己是个好笑的人。但事实上，想当个好笑的人是很难的。如果说这件事那么简单的话，那每个人，甚至是丹·库克，不都能成为喜剧演员了？我并不是在影射丹·库克不是一个好笑的人。我看过他表演，而且我极度喜欢他的独角喜剧。库克从电影和喜剧特辑中赚进几百万美元,然而他的成功却无法停止喜剧界对他的公开唾弃;最主要的原因在于他是个说故事的大师,但不是个喜剧演员。他的表演确实很有娱乐效果,却都是基于一些小故事,而不是幽默。这就像莱尼·布鲁斯,但说话不尖酸一样。也许这就是为什么在库克的家乡波士顿举办的"十六位最差的喜剧演员"联赛,将他评为"史上最差"。《滚石》杂志曾列了一张比库克还要好笑的名单,里面赫然出现莓干丹麦面包。喜剧真的很难。

遗憾的是,课本无法像教微积分一样,教会我们如何变好笑。说穿了这件事实在太繁复了(就算跟微积分比起来)。但凡是胸怀大志的喜剧演员,有几件事是他们应该要知道的。

兄弟姊妹不幽默的人可真幸运,研究结果显示幽默与遗传影响几乎没有关系。所以说,我们的亲戚是谁并没有关系,因为每个人好笑的机会是平等的。科学家通过同卵和异卵双胞胎,以及生养手足和领养手足之间的比较,得出这个结论。智力的遗传率为50%,代表我们一半的聪颖是由父母决定;而身高的遗传率则超过80%。相形之下,对幽默来说,这个数字大概不到25%。

我们对于喜剧人格的了解,有很多来自于纽约州立大学锡拉库萨分校心理学家西摩·费希尔(Seymour Fisher)与罗达·费希尔(Rhoda Fisher)的一本书。这本书的标题是《假装这世界好笑直到永远》(*Pretend the World is Funny and Forever*)。在这288页的书中,探索了超过40位职业喜剧演员所采取的方法,其中包括伍迪·艾伦、露西·鲍尔以及鲍勃·霍普等一时之选。作者通过面谈、观察研究还有背景研究,分解这些成功喜剧演员的人格特征,寻找使他们有趣的生命经验的模式。

作者发现,当他们刚出道时,不到15%的人觉得自己会走上职业幽默大师的路。很清楚地,想踏入喜剧圈永远不嫌迟。大部分的人无法得到父母的支持,而且许多人是班上的活宝。他们每一个人都用自己独特的方式表达幽默的观点。有些人走铺张浮华的路数,而且有高度表演欲,像格利森;也有一些安静且保留,像基顿;还有一些好社交、自然而不着痕迹,像伯利;或者是寂如隐士,像格劳乔·马克斯。似乎有多少喜剧演员,就有多少种表演或说笑的方式。不过,他们却全都有一项共同点,那就是对与人分享观点深感兴趣。

"一般的喜剧演员会在他的伙伴四周到处晃,就像人类学家造访一个新文化一样。"西摩与罗达合著的书上这么写着,"他们是相对主义者。没有任何事物像是自然的或'本该如此'。他们时时刻刻都在心里做笔记。"

喜剧包含观察,这样的概念虽然还是很重要,但不算新颖。幽默大师质问一切他们所见的事物,从来不把它们视为理所当然。他们说笑话和幽默的小故事,是因为他们感到有一股力量驱使他们分享所见。西摩与罗达在与他们的面谈中,甚至是在罗夏克墨渍测验等心理学评估中,都看见了这股欲望。例如其中的罗夏克墨渍测验,是让受试者观看一团团说不上是什么形状的墨渍,并且描述它们看起来像什么。而当喜剧演员看到这些墨渍时,他们不会提出简单的诠释,而是不断地将它们编成故事。令人惧怕的狼人其实并不邪恶,他们只是被误会了。那张像猪崽的脸庞一点也不丑,他们多惹人怜爱呀!有一张貌似恶魔的墨渍,经一位喜剧演员诠释为可笑,甚至有些憨傻。

这些观察显示,为什么活跃的心灵就是幽默的心灵;也透露出我们越是保持大脑运作,越是能带给幽默好处。也来看看这个重要的事实吧:维持幽默的态度,与实际上**自己好笑的程度**有强烈相关。这里所说的态度，指的是当幽默出现时，辨识幽默的能力。我指的是心理学家阿龙·科兹伯特（Aaron Kozbelt）和加奈西冈（Kana Nishioka）所做的研究，他们要受试者鉴定有趣的漫画的意义和内容，这是用来测量幽默的理解力。特别要注意的是，这和欣赏非常不一样。虽然他们也测量欣赏，不过这里我说的理解力是：受试者对漫画的理解有多透彻，事关辨识笑话失谐来源。研究员也让受试者为另一组完全不一样的漫画想出有趣的标题，借此测量幽默生产的能力。接着请一组独立的裁判为这些标题有多好笑评等。

结果，幽默欣赏和幽默生产之间，并没有显著的关系，这单纯意味他们喜欢幽默、喜欢享受开怀大笑，这件事不会让我们变得比较好笑。而真正重要的是，我们了解笑话背后的机制有多透彻。以图8.1当作范例。

如果你的诠释是，这个男人正在警告这只猫不该有"不像猫"的创意，那你理解这个漫画的角度就是正确的。根据这篇研究的作者发现，你比较有机会生产比较好笑的笑话。明确来说，尽管主观的欣赏不会带来影响，那些在理解笑话上分数高的人，在生产上的分数也会高。简而言之，仅仅是明白笑话，就能让我们成为比较好笑的人。

如果你认为，幽默来自于这个男人，对听不懂英文的猫说话很蠢，那你可能要买一些笑话集，或者是订一份《纽约客》，多研究几则它的笑话。

愿意增进顾客幽默感的公司向来不少。举例来说，由喜剧演员斯坦利·林登经营的工作坊承诺，读了他的书的人，所说的笑话的好笑程度能增进200%。专家评等这家培训公司经营一种线上课程，专门颁发个人线上幽默写作训练的证书，只要130美元，为学员进入获利丰富的喜剧俱乐部表演生涯做准备。从这些学习计划来看，

"绝对、绝对不要跳脱框框思考。①"

图 8.1 这幅漫画用来探索幽默理解与生产之间的联结。能辨识出这个女人正在警告对方不该有不像猫的创意,便提示读者实际上具有"好笑的人"的能力

学习变成一个好笑的人似乎很简单,但事实不是这样的。我们在这本书的引言中讨论过,只有一种方式经过证实能增进幽默,那就是遵循**五 P 法则**:练习、练习、练习、练习,再练习。

我将要用最后一个研究来结束这一章,这次是以色列心理学家奥芙拉·内沃(Ofra Nevo)做的研究。她想知道是什么东西使人好笑,但是她不用人格测验或是实施调查,而是让几组教师参加增进幽默的七星期课程,训练时间总计 20 小时。明确地说,她的目标是

---

① "跳脱框框思考"原文是 think outside the box, box 指的既可以是思想上的框限,也可以是猫砂盆的框架。

想知道，单纯靠学习更多幽默，是否足以让人在群体间变得更好笑。

首先，内沃将她的一百位训练受试者分成若干组、排入不同实验条件的课程。有些人接受密集的幽默训练计划，包含无数的练习。这些练习提供幽默的认知与情绪这两个面向的背景知识。他们练习在人数更多的团体面前说笑话，谈论不同的幽默理论和风格，甚至探索幽默带来生理上及智力上的好处。这些练习就很像我们在本书中所做的一样。另一些人也接受相似的训练，但是没有练习；算是一种幽默训练计划的被动版本。还有一些人完全没有接受训练。所有受试者在实验前后接受幽默评估测验并填写问卷，回答他们自己觉得这套训练多有帮助。

内沃发现，大体来说受试者并不觉得训练多有帮助。他们对这个计划效果的评等落在"微弱"到"中等"之间，在五分的尺度上即是二到三分之间。这个结果让她感到失望，但是我们马上就会看到她不用这么失望的理由。那就是，在这套训练结束之后，让受试者的同侪为他们幽默的生产力和欣赏力评等，用的是一些像是"这个人欣赏与享受别人幽默感的能力如何？"和"这个人创造幽默、并让人欢笑的能力如何？"之类的问题。

结果显示，接受训练的受试者的分数，在两个测量值上显著增加，比例高达15%。甚至连那些没练习技术的人，也表现出一些进步。简单来说，尽管这些受试者一点也不觉得自己变得好笑，但他们周围的人不这么觉得。

这个结果让人很想问一个问题：只增加了15%？这看起来实在不太多，尤其是和林登增进200%的承诺相比。不过试着想象自己聪明才智增加15%，这不知该有多好呀！或者吸引力增加15%呢。如果我的身高增加15%，我的体型就接近一般NBA的中锋了呢！无论什么情况，我都会想要这15%。

可惜的是,针对内沃实验成果的追踪研究,目前为止并不多。所以我们还是不知道为什么在她的实验中,尽管他们的同侪都相信他们有进步,受试者还是不"觉得"自己变好笑。一个可能的解释是,幽默感是一种特质,这之前讨论过。特质的改变不快,这表示我们可能需要超过 20 个小时的训练,才能看出明显的进步。也有可能是因为,幽默感的改变相当细微,细微到无法用科学测量侦测出来。这或许能帮助解释,为什么拥有数年经验的职业喜剧演员,往往宣称自己才正开始要学习他们的技艺呢。幽默从来不是什么能精通的东西;它只能靠学习得来。

而这种学习,则发生在一生一世的练习、练习、练习、练习,再练习中。

结　语

阅读一本幽默的书比起读一本解释幽默的书，要来得更令人享受。

——阿夫纳·齐夫（Avner Ziv）

"我得到了个表演机会！下个星期天我要登台亮相啦！"

完成这本书后，我是这么跟太太劳拉说的。我到地方的喜剧俱乐部，报名参加业余之夜的短剧表演。虽然说我感到恐慌，但这似乎是我应该做的事。我花了一生当中超过一年的时间，文章一篇接着一篇、书一本接着一本地阅读与幽默相关的主题。对于理解、分析和解剖那些使笑话好笑的事物，我的心智不会更加敏锐了。如果有个机会可以应用这些知识，那就是它了。

"我以为这应该是一本讲述科学的书，"劳拉这么回答，"而不是一本实战手册。"

劳拉对于我的提案，表现不如我原先希望的那么热情。尽管如此，我并没有责怪她，因为她说得没错。这本书并不意图成为一本操作指南，而我也没有兴趣把喜剧当成嗜好或职业。不过我还是觉得需要将所学应用在现实生活的场景中。就好像没在画布上舞弄笔刷、挥洒色彩的艺术教授，是不可能去教书的。我必须去看看"搞喜剧"到底是怎么一回事，难道不是吗？

"我至少必须去试试看，自己一直在谈论的是什么东西。我可能表现得一点都不好，但我想知道，在观众面前说笑话到底是什么感觉。"

劳拉用空洞的眼神盯着我看，仿佛我刚刚说的就像是只因为知道整支红袜队每个球员的打击纪录，就想打入职棒。理解哪些东西使笑话好笑，和有办法使用娱乐大众的方式分享笑话，两者是不一样的。劳拉建议我先去上即兴表演的课程，而我同意这个点子或许还不错；但这也会打破我的论点。实际上，我并不想试着让自己变好笑，至少不希望是比现在的水平更高。我只是纯粹想知道，表演这件事究竟感觉起来是什么样。我想知道科学和艺术之间的分野在哪里，这样我才能分享，失谐和惊喜等知识到底能将志向高昂的幽默大师带到多远。我想知道理论止于何处，而流动多变的表演又从何起始。

简单来说，我想做出超出控制的事，而我真的这么做了。

表演当晚，我很紧张，这是理所当然的。但我凭借着练习写在 3×5 的手卡上的表演，勇敢地面对自己。因为这场秀办在星期日晚上，而且只有业余表演者会上台，我预期场面应该不大。结果我错了。因为餐点和饮料很便宜，而且服务费也低廉，这家喜剧俱乐部塞满了人。最后我变成当晚第三个表演的人，而当我踏上台时，我真是打心里后悔自己所做的决定。但已经来不及改变心意了。

"今晚大家过得还不错吧？"拿到麦克风时，我这么问了，并看向这群人。我知道自己要说些什么好让这场秀开始。一如预期，许多观众为我喝彩，便宜的啤酒和水牛城辣鸡翅为他们灌满元气。

结果我冻结在台上。我曾为了要找几篇六十年前的、关于人们对于班尼·古德曼专辑的反应的文章,而待在图书馆好几个夜晚,而此时,我竟然迷失了。我知道欢笑会随醉酒程度攀升,也知道"瘪四与大头蛋"与17世纪俄国民间诗歌中的双人组"弗马与耶若马"(Foma and Yerema),两者之间有惊人的相似之处;但知道这些一点忙都帮不上。我孤立无援,只有一身辛苦钻研获得的这些关于幽默的知识能救我。

"嗯,两名从新泽西来的猎人在森林中走着,其中一位意外地向另一位开了一枪。慌忙之下,这个男人打了911……"

是的,我说了笑笑实验室笑话比赛中的笑话,就是用来做第一章结尾的那一则。但我一开始没打算这么做。我很想,不过劳拉警告我别这么做。然而,当我一镇定下来、说了几个关于自己生活的暖场小故事;然后利用场景的幽默,也就是一个科学家想来搞笑,而博得了部分观众的同情。我依循自己的建议放松、做自己。我分享了几个个人故事,让我自己最好笑的部分显露光芒。到最后,我还是败得惨兮兮。看来科学的天衣无缝就到此为止了。

这场秀最奇怪的地方在于,我确实得了一些笑声,但是它们没出现在我预期的地方。这就好像是我与观众之间的联结,在我表演期间随机地开开关关。而我有许多笑话,都比其他获得多得多掌声的表演者说的还要好笑。这不只是我的个人意见,而是事后有几位观众告诉我的。他们也和我分享其他事情;"你的麦克风握得太低了,"一位女士当我急着离开时这么跟我说,"我听不到你在说什么。"

谁会猜得到麦克风用得不上手,竟然会演变出这样的问题?"当我听得到你在说什么的时候,我就会笑,"我的朋友耶特补充,她的音调混杂着打趣与怜悯,"但你的速度也太赶了吧!你话说得很快,这会让你说的内容很难懂。你知道这件事吗?"

的确,我知道。我归咎于住在新英格兰的那六年。在那里,要么是你说话,不然就只能是听别人说话,而我紧张的时候,说得就更快了。我很确定这让事情变得更糟。

虽然如此,我对那次表演还是有一些正向的记忆。是因为有几个片刻,我觉得自己自在地融入桥段中了。我只是随心意所趋,没有在想笑话或是观众的事,只让自己无意识的幽默知识,自然地表现自己。这感觉很棒,虽然时间很短,却让我明白大家为何要寻觅这种感觉。尽管表演这么差劲让我相当羞愧,在这之后,还从朋友和陌生人身上得到非常多建议,那些短暂的片刻让这一切都值得了!

那些片刻当下的感觉,匈牙利心理学家米哈伊·奇克森特米哈伊(Mihaly Csikszentmihaly)称之为**心流**。这种经验也是大部分运动员和艺术家致力追寻的。美国球星杜兰特在球脱手的前一刻,并不会有意识地校准他的三分球抛射弧;就如同网球好手小威廉姆斯也不会在抛球准备开球时,提醒自己膝盖要弯。我们最佳的表现来自我们不论内隐或外显的知识,都变成直觉的时候。

几乎没有职业喜剧演员一出道就成功的,这是因为幽默需要时间,才能变成我们的一部分,并且与定义我们人格的内在冲突形成联结。当卡林开始表演的时候,他的表演相对来说较为平淡无味,几乎没有咒骂或是政治评论。只有在他放松对伪善的蔑视时,他才真正成为偶像人物。普赖尔在走出比尔·科斯比的影子,并正面处理种族议题(这个在他心中早已清楚成形、却鲜少直接提出的主题)之前,他无法吸引观众。马丁最后接受了自己和卡林与普赖尔等艺术家是相反类型的人,并且借着突显喜剧普遍的笑闹面向,转而拥抱不留胡茬儿、不谈政治、白面书生的自我,在这之前他也无法将事业做大。

尽管我们之中大部分的人，并不向往成为职业喜剧演员，我们还是能从这些将幽默自然融入生活的艺术家身上学习。当我们指出某人具有幽默的人格，我们的意思是，这个人看出那些生命中固有的歧义、困惑和争斗，而将它们转化为愉悦。如果你真的想变成更好笑的人，你可以参加一场专题讨论，或者你也可以将所学内化，使它成为新观点的一部分。借由阅读这本书，你已经具备这些知识。你所要做的，就是去使用这些知识。

对于这个星球上早期的生物而言，冲突相当单纯，只有单一议题，那就是有没有人会来把我杀了吃掉？很快地，生命变得较为繁复，而人类的大脑也是如此。光靠微小的神经中枢，不再足以让我们远离麻烦。于是我们的大脑需要能够超前思考的部位，而它专注的不止是今天谁有可能把我杀掉，也要想想明天会有谁可能把我杀掉。我们的大脑需要理解如何与他人沟通的部位，也要有训练未来世代不被杀掉的部位。数百万年后，我们最终发展出一些脑区，它们开始质问这些部位实际上是为了做什么，以及质问一开始我们何以会拥有这么多部位。

幽默纯粹就是拥有这么多脑区的结果。我们如此繁复并没有错，因为这就是我们的特质。有些人经常感到悲伤，尽管他们的人生其实过得还算不错。有些人必须反复地检查、再检查门有没有锁好；如果不这么做的话，焦虑便会把他们淹没。这些结果都来自于拥有一个能做很多事的大脑。虽然，这可能看起来有些麻烦，但想想一件事吧：你何曾看过松鼠表演独角喜剧的桥段呢？松鼠的大脑大约6克重。只要6克，你就会有非凡的爬树以及分辨不同坚果种类的能力；把它乘上250倍，那你所得到的就多更多了！

我希望你能从本书中接收到的信息是，能欣赏我们复杂且模块化的心智。我也希望你会认同，借由更深入地思考幽默，我们便能对自己心智的运作，获得更完备的理解。在阅读本书前，你或许知道笑话之所以好笑的理由中惊喜占了很大一部分。但我不确定你有没有再深入想过，为什么笑点给的惊喜会让我们笑，但是入侵者带来的惊喜不会。你或许不知道，让吸食可卡因的人产生亢奋的化学物质，其实和协助我们欣赏漫画和简短笑话的物质是一样的。你或许也不知道，单纯看一部搞笑的电影，就能降低压力、增强免疫系统反应，甚至是让我们变得更聪明，成为更会解决问题的人。

所以说，要是下次你听到一则不是特别好笑的笑话时，不管怎样笑一下吧！因为你知道，这样对大家都有好处。不只会让你享受更开心，也更健康的生活，别人可能也会与你一同欢笑。而当你在笑的同时，是很难心情不好的。

喔！对了，那个关于森林中两个猎人的笑话，就是我在喜剧桥段中的某个部分说的那个，事实上博得许多笑声，比我表演中的任何一段还要多。也许这是因为我练习这个笑话几十次，或许几百次了，又或许它真的是这世界上最好笑的笑话吧。我不太确定，但我建议你不管怎样，自己练习一下。口袋里藏一两个笑话有益无害，搞不好哪天这种场合会自己现身呢！

这不是科学，不过我无论如何坚持这个建议就是了。

致　谢

　　谢谢丹·威姆斯和玛莉·威姆斯。你们教我，如果一个人不能笑的话，那其他的事都不重要了。

　　感谢劳拉超过二十年婚姻生活以来，不间断的好幽默。尤其是在最近几年，幽默变得不只是一种观点。你问我：那变成什么了？才不告诉你咧！

　　特别感谢我的朋友：耶特·芬森、布雷恩·戈达尔、戴夫·哈利欧克、罗克西·哈利欧克、安德鲁·奥利弗还有夏洛特·斯图尔特。谢谢你们来参加我在这本书结语中所描述的喜剧表演。我不确定你们来看这场惨剧，我是该高兴还是难过，但至少你们都知道我尝试过了。也要谢谢巴尔的摩的马古比笑话屋，谢谢你没把那晚的表演录下来。

　　感谢所有提供面谈资料以及其他对本书有助益的科学家：阿塔尔多、博登、伯格多夫、库尔森、戴维斯。也要谢谢詹娜分享痴笑癫痫的个人故事。我特别感激赛德尔和雷吉亚，是他们教导我教育就像幽默一样，应该要持续一辈子的。

　　谢谢我的经纪人巴索夫，引领我穿越陌生的世界；谢谢基础读物出版社的伙伴，让这一切实现。

深深感谢克拉默、利娅·科恩、兰什，还有莱斯利大学的所有成员。你们最棒了！

图片来源

图 1.1　改自 BIZARRO.com 的漫画。绘图：刘畅。

图 2.1　绘图：刘畅。

图 2.2　改自 Craig Smith and Phoebe Ellsworth, "Patterns of Cognitive Appraisal in Emotion", *Journal of Personality and Social Psychology* 48 (1985): 813–838。

图 2.3　改自 *Humor, the International Journal of Humor Research*. Band 15, Heft 1, Seiten 3–46, ISSN (Online) 1613–3722, ISSN (Print) 0933–1719, DOI: 10.1515/humr. 2002.004, De Gruyter Berlin/Boston, January 2006。

图 4.1　改自 *Neuropsychologia*, Vol.47, Andrea Sampson, Christian Hempelmann, Oswald Huber, and Stefan Zysset, "Neural Substrates of Incongruity-Resolution and Nonsense Humor", 1023–1033, 2009。绘图：刘畅。

图 8.1　改自 www.cartoonbank.com 上 Leo Cullum 的漫画。绘图：刘畅。

参考文献

引言

关于笑的频率，参见 Rod Martin and Nicholas Kuiper, "Daily Occurrence of Laughter: Relationships with Age, Gender, and Type A Personality", *Humor: International Journal of Humor Research* 12, no. 4 (1999): 355–384; 以及 Dan Brown and Jennings Bryant, "Humor in the Mass Media", in *Handbook of Humor Research, Volume II: Applied Studies*, eds. Paul McGhee and Jeffrey Goldstein (New York: Springer-Verlag, 1983): 143–172。

关于幽默与智力，参见 Daniel Howrigan and Kevin MacDonald, "Humor as a Mental Fitness Indicator", *Evolutionary Psychology* 6, no. 4 (2008): 652–666。

关于 Albert Camus 的幽默，参见 Anne Greenfeld, "Laughter in Camus' *The Stranger, The Fall, and The Renegade*", *Humor: International Journal of Humor Research* 6, no. 4 (1993): 403–414。

关于幽默学的起源，参见 Mahadev Apte, "Disciplinary Boundaries in Humorology: An Anthropologist's Ruminations", *Humor:*

International Journal of Humor Research 1, no. 1 (1988): 5−25。

第一章：可卡因、巧克力与憨豆先生

卡盖拉

关于卡盖拉的大笑传染，参见 A. Rankin and P. Phillip, "An Epidemic of Laughing in the Bukoba District of Tanganyika", *Central African Journal of Medicine* 9 (1963): 167−170；以及 Christian Hempelmann, "The Laughter of the 1962 Tanganyika Laughter Epidemic", *Humor: International Journal of Humor Research* 20, no. 1 (2007): 49−71。

幽默是什么？

关于康翠丝塔的采访，以及一份全面的关于笑的综述，我推荐 *RadioLab*'s excellent podcast titled "Laughter"。

关于黑猩猩的笑，参见 Frans de Waal, *Chimpanzee Politics: Power and Sex Among Apes* (New York: Harper & Row, 1982)。

关于狗的笑，参见 Patricia Simonet, Donna Versteeg, and Dan Storie, "Dog-Laughter: Recorded Playback Reduces Stress-Related Behavior in Shelter Dogs", in *Proceedings of the 7th International Conference on Environmental Enrichment* (New York, 2005)。

欢愉：捉摸不定的概念

关于欢愉反应测验，参见 Jacob Levine and Robert Abelson, "Humor as a Disturbing Stimulus", in *Motivation in Humor,* ed. Jacob Levine (New Brunswick, NJ: Transaction Publishers, 1969), pp. 38−48。

关于幽默卡通以及多巴胺奖励回路，参见 Dean Mobbs, Michael Greicius, Eiman Abdel-Azim, Vinod Menon, and Allan Reiss, "Humor Modulates the Mesolimbic Reward Centers", *Neuron* 40 (2003): 1041–1048。

关于音乐引起的冷战，参见 Anne Blood and Robert Zatorre, "Intensely Pleasurable Responses to Music Correlate with Activity in Brain Regions Implicated in Reward and Emotion", *Proceedings of the National Academy of Sciences* 98, no. 20 (2001): 11818–11823。

关于憨豆先生和多巴胺奖励，参见 Masao Iwase, Yasuomi Ouchi, Hiroyuki Okada, Chihiro Yokoyama, Shuji Nobezawa, Etsuji Yoshikawa, Hideo Tsukada, Masaki Takeda, Ko Yamashita, Masatoshi Takeda, Kouzi Yamaguti, Hirohiko Kuratsune, Akira Shimizu, and Yasuyoshi Watanabe, "Neural Substrates of Human Facial Expression of Pleasant Emotion Induced by Comic Films: A PET Study", *NeuroImage* 17 (2002): 758–768。

关于老鼠发出的尖叫，参见 Jeffrey Burgdorf, Paul Wood, Roger Kroes, Joseph Moskal, 以及 Jaak Panksepp, "Neurobiology of 50-kHz Ultrasonic Vocalizations in Rats: Electrode Mapping, Lesion, and Pharmacology Studies", *Behavioral Brain Research* 182 (2007): 274–283; 还有 Jaak Panksepp and Jeff Burgdorf, "Laughing Rats and the Evolutionary Antecedents of Human Joy?" *Physiology and Behavior* 79 (2003): 533–547; 还有 Jaak Panksepp and Jeffrey Burgdorf, "Laughing Rats? Playful Tickling Arouses High-Frequency Ultrasonic Chirping in Young Rodents", in *Toward a Science of Consciousness III: The Third Tucson Discussions and Debates,* eds. Stuart Hameroff, Alfred Kaszniak, and David Chalmers (Cambridge, MA: MIT Press, 1999)。

世界上最好笑的笑话

关于笑笑实验室,参见 Richard Wiseman's *Quirkology: How We Discover the Big Truths in Small Things* (New York: Basic Books, 2008)。

第二章:发现的刺激快感

关于试图理解的欲望,参见 Alison Gopnik, "Explanation as Orgasm", *Minds and Machines* 8 (1998): 101–118。

关于三词组合与积极面部表情,参见 Sascha Topolinski, Katja Likowski, Peter Weyers, and Fritz Strack, "The Face of Fluency: Semantic Coherence Automatically Elicits a Specific Pattern of Facial Muscle Reactions", *Cognition and Emotion* 23, no. 2 (2009): 260–271。

关于积极情绪与洞察力,参见 Karuna Subramaniam, John Kounios, Todd Parrish, and Mark Jung-Beeman, "A Brain Mechanism for Facilitation of Insight by Positive Affect", *Journal of Cognitive Neuroscience* 21, no. 3 (2008): 415–432。For more on semantic associates, 参见 Edward Bowden and Mark Jung-Beeman, "Normative Data for 144 Compound Remote Associate Problems", *Behavior Research Methods, Instruments, and Computers* 35, no. 4 (2003): 634–639。

建构与前扣带回

关于情绪与斯特鲁普任务,参见 Julius Kuhl and Miguel Kazén, "Volitional Facilitation of Difficult Intentions: Joint Activation of Intention Memory and Positive Affect Removes Stroop Interference", *Journal of Experimental Psychology: General* 128, no. 3 (1999): 382–

399。

关于重量判断与笑,参见 Göran Nerhardt, "Humor and Inclination to Laugh: Emotional Reactions to Stimuli of Different Divergence from a Range of Expectancy", *Scandinavian Journal of Psychology* 11 (1970): 185–195; 以及 Lambert Deckers, "On the Validity of a Weight-Judging Paradigm for the Study of Humor", *Humor: International Journal of Humor Research* 6, no. 1 (1993): 43–56。

在困惑的世界中推断

关于信心和洞察的任务,参见 Janet Metcalfe, "Premonitions of Insight Predict Impending Error", *Journal of Experimental Psychology: Learning, Memory, and Cognition* 12, no. 4 (1986): 623–634。

关于惊喜和愉悦,参见 Craig Smith and Phoebe Ellsworth, "Patterns of Cognitive Appraisal in Emotion", *Journal of Personality and Social Psychology* 48, no. 4 (1985): 813–838。

关于音乐和建筑带来的惊喜之愉悦,参见 Rudolf Arnheim, *The Dynamics of Architectural Form* (Los Angeles: University of California Press, 1977)。

关于看卡通漫画时被激活的脑区研究,参见 Karli Watson, Benjamin Matthews, and John Allman, "Brain Activation During Sight Gags and Language-Dependent Humor", *Cerebral Cortex* 17 (2007): 314–324。

用脚本解决

关于脚本,参见 Salvatore Attardo, Christian Hempelmann, and

Sara Di Maio, "Script Oppositions and Logical Mechanisms: Modeling Incongruities and Their Resolutions", *Humor: International Journal of Humor Research* 15, no. 1 (2002): 3–46。

关于幽默语言的普遍理论，参见 Salvatore Attardo and Victor Raskin, "Script Theory Revisited: Joke Similarity and Joke Representation Model", *Humor: International Journal of Humor Research* 4, no. 3/4 (1991): 293–347。

关于笑话里的背景失谐，参见 Andrea Samson and Christian Hempelmann, "Humor with Background Incongruity: Does More Required Suspension of Disbelief Affect Humor Perception？" *Humor: International Journal of Humor Research* 24, no. 2 (2011): 167–185。

关于笑话 EEG 反应与妙语，参见 Peter Derks, Lynn Gillikin, Debbie Bartolome-Rull, and Edward Bogart, "Laughter and Electroencephalographic Activity", *Humor: International Journal of Humor Research* 10, no. 3 (1997): 285–300。

各个阶段之外

关于标题的含混性，参见 Chiara Bucaria, "Lexical and Syntactic Ambiguity as a Source of Humor: The Case of Newspaper Headlines", *Humor: International Journal of Humor Research* 17, no. 3 (2004): 279–309。

关于政治倾向与前扣带回的关系，参见 Ryota Kanai, Tom Feilden, Colin Firth, and Geraint Rees, "Political Orientations Are Correlated with Brain Structure in Young Adults", *Current Biology* 21 (2011): 677–680。

关于大脑活动与宗教信仰的联系，参见 Michael Inzlicht and

Alexa Tullett, "Reflecting on God: Religious Primes Can Reduce Neurophysiological Response to Errors", *Psychological Science* 21, no. 8 (2010): 1184–1190; 以及在 James Austin, *Zen and the Brain* (New York: MIT Press, 1998) 中提到的有趣的背景知识。

第三章：帝国大厦上停机

幽默有个臭名声

关于幽默与《圣经》的关系，参见 John Morreall, "Comic Vices and Comic Virtues", *Humor: International Journal of Humor Research* 23, no. 1 (2010): 1–26; 以及 John Morreall, "Philosophy and Religion", in *The Primer of Humor Research,* ed. Victor Raskin (New York: Mouton de Gruyter, 2009), pp. 211–228; 以及 Jon Roeckelein, *The Psychology of Humor: A Reference Guide and Annotated Bibliography* (Westport, CT: Greenwood Press, 2002)。

关于灾难后的笑话潜伏期，参见 Bill Ellis, "A Model for Collecting and Interpreting World Trade Center Disaster Jokes", *New Directions in Folklore* 5 (2001): 1–9。

关于侮辱性幽默，参见 Christie Davies's "Undertaking the Comparative Study of Humor", in *The Primer of Humor Research,* ed. Victor Raskin (New York: Mouton de Gruyter, 2009), pp. 162–175; 以及 Christie Davies, *Ethnic Humor Around the World: A Comparative Analysis* (Indianapolis: Indiana University Press, 1990); 以及 *Mirth of Nations* (New Brunswick, NJ: Transaction Publishers, 2002)。正文中的引用出自私人采访。

关于残疾人的笑话，参见 Herbert Lefcourt and Rod Martin,

Humor and Life Stress: Antidote to Adversity (New York: Springer-Verlag, 1986)。

关于幽默与恢复进程的关系，参见 Dacher Keltner and George Bonanno, "A Study of Laughter and Dissociation: Distinct Correlates of Laughter and Smiling During Bereavement", *Journal of Personality and Social Psychology* 73, no. 4 (1997): 687−702; 以及 Charles Carver, Christina Pozo, Suzanne Harris, Victoria Noriega, Michael Scheier, David Robinson, Alfred Ketcham, Frederick Moffat, and Kimberly Clark, "How Coping Mediates the Effect of Optimism on Distress: A Study of Women with Early Stage Breast Cancer", *Journal of Personality and Social Psychology* 65, no. 2 (1993): 375−390。

关于幽默中残忍扮演的角色，参见 Thomas Herzog and Beverly Bush, "The Prediction of Preference for Sick Humor", *Humor: International Journal of Humor Research* 7, no. 4 (1994): 323−340; 以及 Thomas Herzog and Joseph Karafa, "Preferences for Sick Versus Nonsick Humor", *Humor: International Journal of Humor Research* 11, no. 3 (1998): 291−312; 以及 Thomas Herzog and Maegan Anderson, "Joke Cruelty, Emotional Responsiveness, and Joke Appreciation", *Humor: International Journal of Humor Research* 13, no. 3 (2000): 333−351。

关于灾难之后媒体中的幽默，参见 Giselinde Kuipers, "Where Was King Kong When We Needed Him? Public Discourse, Digital Disaster Jokes, and the Functions of Laughter after 9/11", *Journal of American Culture* 28, no. 1 (2005): 70−84。

恐怖电影和松口气

关于看恐怖电影时的情绪体验，参见 Eduardo Andrade and

Joel Cohen, "On the Consumption of Negative Feelings", *Journal of Consumer Research* 34 (2007): 283–300。

关于大幽默，参见 Hans Vejleskov, "A Distinction Between Small Humor and Great Humor and Its Relevance to the Study of Children's Humor", *Humor: International Journal of Humor Research* 14, no. 4 (2001): 323–338。

关于战俘幽默，包括 Gerald Santo Venanzi 的故事，参见 Linda Henman, "Humor as a Coping Mechanism: Lessons from POWs", *Humor: International Journal of Humor Research* 14, no. 1 (2001): 83–94。

有对象的笑话

关于梭形细胞的综述，参见 John Allman, Atiya Hakeem, and Karli Watson, "The Phylogenetic Specializations in the Human Brain", *The Neuroscientist* 8, no. 4 (2002): 335–346; 以及 Karli Watson, T. K. Jones, and John Allman, "Dendritic Architecture of the Von Economo Neurons", *Neuroscience* 141 (2006): 1107–1112。

关于情绪的斯特鲁普作业，参见 John Allman, Atiya Hakeem, Joseph Erwin, Esther Nimchinsky, and Patrick Hof, "The Anterior Cingulate: The Evolution of an Interface Between Emotion and Cognition", *Annals of the New York Academy of Sciences* 935 (2001): 107–117。

关于 David Levy 的笑话，参见 Hagar Salamon, "The Ambivalence over the Levantinization of Israel: David Levi Jokes", *Humor: International Journal of Humor Research* 20, no. 4 (2007): 415–442。

关于大象笑话及潜在的种族主义，参见 Roger Abrahams and Alan Dundes, "On Elephantasy and Elephanticide", *Psychoanalysis Review* 56 (1969): 225–241。

关于律师笑话，参见 Christie Davies, "American Jokes About Lawyers", *Humor: International Journal of Humor Research* 21, no. 4 (2008): 369–386; 以及 Marc Galanter, "The Great American Lawyer Joke Explosion", *Humor: International Journal of Humor Research* 21, no. 4 (2008): 387–413。

关于加里曼丹岛的迪雅克部落，参见 V. I. Zelvys, "Obscene Humor: What the Hell?" *Humor: International Journal of Humor Research* 3, no. 3 (1990): 323–332。

第四章：特化是给昆虫用的

A. K.

关于病人 A. K.，参见 Itzhak Fried, Charles Wilson, Katherine MacDonald, and Eric Behnke, "Electric Current Stimulates Laughter", *Nature* 391 (1998): 650。

关于痴笑癫痫，参见 R. Garg, S. Misra, and R. Verma, "Pathological Laughter as Heralding Manifestation of Left Middle Cerebral Artery Territory Infarct: Case Report and Review of the Literature", *Neurology India* 48 (2000): 388–390; 以及 Mario Mendez, Tomoko Nakawatase, and Charles Brown, "Involuntary Laughter and Inappropriate Hilarity", *Journal of Neuropsychiatry and Clinical Neurosciences* 11, no. 2 (1999): 253–258。

状态与特质

关于 Peter Derks 的幽默公式，参见 Antony Chapman and Hugh Foot, *Humor and Laughter: Theory, Research, and Applications* (New Brunswick, NJ: Transaction Publishers, 1996)。

关于幽默与宗教虔诚度，参见 Vassilis Saroglou, "Being Religious Implies Being Different in Humour: Evidence from Self-and Peer Ratings", *Mental Health, Religion, and Culture* 7, no. 3 (2004): 255−267。

关于漫画家的个性特质，参见 Paul Pearson, "Personality Characteristics of Cartoonists", *Personality and Individual Differences* 4, no. 2 (1983): 227−228。

关于艾森克人格问卷的性别差异，参见 R. Lynn and T. Martin, "Gender Differences in Extraversion, Neuroticism, and Psychoticism in 37 Nations", *Journal of Social Psychology* 137, no. 3 (1997): 369−373。

关于创意人才的个性特征，参见 Giles Burch, Christos Pavelis, David Hemsley, and Philip Corr, "Schizotypy and Creativity in Visual Artists", *British Journal of Psychology* 97 (2006): 177−190; 以及 Gregory Feist, "A Meta-Analysis of Personality in Scientific and Artistic Creativity", *Personality and Social Psychology Review* 2, no. 4 (1998): 290−309; 以及 Karl Gotz and Karin Gotz, "Personality Characteristics of Successful Artists", *Perceptual and Motor Skills* 49 (1979): 919−924; 以及 Cary Cooper and Geoffrey Wills, "Popular Musicians Under Pressure", *Psychology of Music* 17, no. 1 (1989): 22−36。

关于 Willibald Ruch 大规模的关于幽默感与个性特质间关系的研究，参见 Gabrielle Köhler and Willibald Ruch, "Sources of Variance in Current Sense of Humor Inventories: How Much Substance, How

Much Method Variance?" *Humor: International Journal of Humor Research* 9, no. 3/4 (1996): 363—397。

关于感官刺激寻求者与荒谬幽默，参见 Andrea Samson, Chri-stian, Hempelmann, Oswald Huber, and Stefan Zysset, "Neural Substrates of Incongruity-Resolution and Nonsense Humor", *Neuropsychologia* 47 (2009): 1023—1033。

关于幽默与环保意识，参见 Herbert Lefcourt, "Perspective-Taking Humor and Authoritarianism as Predictors of Anthropocentrism", *Humor: International Journal of Humor Research* 9, no. 1 (1996): 57—71。

关于幽默与 A 型特征，参见 Rod Martin and Nicholas Kuiper, "Daily Occurrence of Laughter: Relationships with Age, Gender, and Type A Personality", *Humor: International Journal of Humor Research* 12, no. 4 (1999): 355—384。

关于幽默与肛门，Richard O'Neill, Roger Greenberg, and Seymour Fisher, "Humor and Anality", *Humor: International Journal of Humor Research* 5, no. 3 (1992): 283—291。

比较好的性别

关于呈现的女性主义与幽默的关系，参见 her book *Language and Woman's Place* (New York: Oxford University Press, 2004)。

关于日常生活场景下的笑，参见 Robert Provine, *Laughter: A Scientific Investigation* (New York: Penguin, 2001)。

关于发笑时大脑活动的性别差异，参见 Eiman Azim, Dean Mobbs, Booil Jo, Vinod Menon, 以及 Allan Reiss, "Sex Differences in Brain Activation Elicited by Humor", *Proceedings of the National Academy of Sciences* 102, no. 45 (2005): 16496—16501。

关于 *Playboy* 和 *The New Yorker* 上卡通形象的比较，参见 Peter Derks, "Category and Ratio Scaling or Sexual and Innocent Cartoons", *Humor: International Journal of Humor Research* 5, no. 4 (1992): 319–329。

关于涉性幽默的后果，参见 Thomas Ford, Christie Boxer, Jacob Armstrong, and Jessica Edel, "More Than Just a Joke: The Prejudice-Releasing Function of Sexist Humor", *Personality and Social Psychology Bulletin* 34, no. 2 (2008): 159–170。

特化是给昆虫用的

关于动物的物体恒存性，参见 Francois Doré, "Object Permanence in Adult Cats (*Felis Catus*)", *Journal of Comparative Psychology* 100, no. 4 (1986): 340–347; 以及 Holly Miller, Cassie Gipson, Aubrey Vaughn Rebecca Rayburn-Reeves, and Thomas Zentall, "Object Permanence in Dogs: Invisible Displacement in a Rotation Task", *Psychonomic Bulletin and Review* 16, no. 1 (2009): 150–155; 以及 Almut Hoffmann, Vanessa Rüttler, and Andreas Nieder, "Ontogeny of Object Permanence and Object Tracking in the Carrion Crow, *Corvus Corone*", *Animal Behavior* 82 (2011): 359–367。

关于儿童学习讽刺和挖苦，参见 Amy Demorest, Christine Meyer, Erin Phelps, Howard Gardner, and Ellen Winner, "Words Speak Louder Than Actions: Understanding Deliberately False Remarks", *Child Development* 55 (1984): 1527–1534; 以及 Carol Capelli, Noreen Nakagawa, and Cory Madden, "How Children Understand Sarcasm: The Role of Context and Intonation", *Child Development* 61 (1990): 1824–1841。

关于幽默与保守主义，参见 Willibald Ruch, Paul McGhee, and Franz-Josef Hehl, "Age Differences in the Enjoyment of Incongruity-Resolution and Nonsense Humor During Adulthood", *Personality and Aging* 5, no. 3 (1990): 348–355。

第五章：我们的电脑霸主

关于沃森的胜利，参见 Stephen Baker, *Final Jeopardy: Man Versus Machine and the Quest to Know Everything* (New York: Houghton Mifflin Harcourt, 2011)。沃森的设计可参看 IBM 发布的白皮书 "Watson—A System Designed for Answers", 在网上很容易找到。

模式侦测与产生假设

想看"笑话电脑", 你可以访问这个网址 http://www.abdn.ac.uk/jokingcomputer; 还有一个基于过滤算法的极好网站，可以挑选符合你的幽默趣味的笑话：http://eigentaste.berkeley.edu。

关于幽默、电脑与创造力，可以参看 Margaret Boden 的大部分著作，包括 *The Creative Mind: Myths and Mechanisms* (NewYork: Routledge, 2004); 以及 "Creativity and Artificial Intelligence", *Artificial Intelligence* 103 (1998): 347–356; 以及 "Creativity and Computers", *Current Science* 64, no. 6 (1993): 419–433。The quotations in the text are from personal interviews。

关于笑话分析生产机（JAPE），参见 Kim Binstead and Graeme Ritchie, "An Implemented Model of Punning Riddles", in *proceedings of the Twelfth National Conference on Artificial Intelligence* (Menlo Park, CA: American Association for Artificial Intelligence, 1994)。

关于 Hahacronym, 参见 Oliviero Stock and Carlo Strapparava,

"Hahacronym: A Computational Humor System", in *Proceedings of the ACL Interactive Poster and Demonstration Sessions* (Ann Arbor, MI: Association for Computational Linguistics, 2005); 以及 Oliviero Stock and Carlo Strapparava, "Hahacronym: Humorous Agents for Humorous Acronyms", *Humor: International Journal of Humor Research* 16, no. 3 (2003): 297–314。

关于 DEviaNT，参见 Chloé Kiddon and Yuriy Brun, "That's What She Said: Double Entendre Identification", in *Proceedings of the 49th Annual Meeting of the Association for Computational Linguistics* (Portland, OR: Association for Computational Linguistics, 2011)。

关于北得州大学的简短笑话程序，参见 Rada Mihalcea and Carlo Strapparava, "Making Computers Laugh: Investigations in Automatic Humor Recognition", in *Proceedings of the Joint Conference on Human Language Technology/Empirical Methods in Natural Language Processing* (Vancouver, Canada, 2005); 以及 Rada Mihalcea and Carlo Strapparava, "Learning to Laugh (Automatically): Computational Models for Humor Recognition", *Computational Intelligence* 22, no. 2 (2006): 126–142。

关于填字概率与幽默，参见 Rachel Giora, "Optimal Innovation and Pleasure", in *Proceedings of the Twentieth Workshop on Language Technology* (Trento, Italy, 2002)。

关于幽默与 N400 反应，参见 Seana Coulson and Marta Kutas, "Getting It: Human Event-Related Brain Response to Jokes in Good and Poor Comprehenders", *Neuroscience Letters* 316 (2001): 71–74。

关于语义启动和幽默，参见 Jyotsna Vaid, Rachel Hull, Roberto Heredia, David Gerkens, and Francisco Martinez, "Getting the Joke:

The Time Course of Meaning Activation in Verbal Humor", *Journal of Pragmatics* 35 (2003): 1431−1449。

转化式创造力

关于创造力的神经科学研究，参见 Arne Dietrich and Riam Kanso, "A Review of EEG, ERP, and Neuroimaging Studies of Creativity and Insight", *Psychological Bulletin* 136, no. 5 (2010): 822−848; 以及 Hikaru Takeuchi, Yasuyuki Taki, Hiroshi Hashizume, Yuko Sassa, Tomomi Nagase, Rui Nouchi, and Ryuta Kawashima, "The Association Between Resting Functional Connectivity and Creativity", *Cerebral Cortex* 22, no. 12 (2012): 1−9。

关于 Gaiku，参见 Yael Netzer, David Gabay, Yoav Goldberg, and Michael Elhadad, "Gaiku: Generating Haiku with Word Association Norms", in *NAACL Workshop on Computational Approaches to Linguistic Creativity* (Boulder, CO, 2009)。

关于电脑创作现代音乐、绘画和其他艺术形式的尝试，参见 Boden's *The Creative Mind: Myths and Mechanisms*; 以及 Paul Hodgson, "Modeling Cognition in Creative Musical Improvisation", unpublished doctoral thesis, University of Sussex Department of Informatics; 以及 H. Koning and J. Eizenberg, "The Language of the Prairie: Frank Lloyd Wright's Prairie Houses", *Environmental Planning* B 8 (1981): 295−323; 以及 James Meehan, "The Metanovel: Writing Stories by Computer", unpublished doctoral thesis, Yale University Department of Computer Science; 以及 Patrick McNally and Kristian Hammond, "Picasso, Pato, and Perro: Reconciling Procedure with Creativity", in *Proceedings of the International Conference on*

Computational Creativity (Mexico City, Mexico, 2011); 以及 Harold Cohen, *On the Modeling of Creative Behavior* (Santa Monica, CA: Rand Corporation Technical Paper, 1981)。

不让盐类进来

关于衡量创造力的方式，参见 Mary Lou Maher, "Evaluating Creativity in Humans, Computers, and Collectively Intelligent Systems", in *Proceedings of the First DESIRE Network Conference on Creativity and Innovation in Design* (Lancaster, England, 2010); 以及 Graeme Ritchie, "Some Empirical Criteria for Attributing Creativity to a Computer Program", *Minds and Machines* 17 (2007): 67–99。

关于自动化数学家这一程序，参见 G. Ritchie and F. Hanna, "Automatic Mathematician: A Case Study in AI Methodology", *Artificial Intelligence* 23 (1984): 249–258。

关于房间里的中文思考实验，参见 John Searle, "Minds, Brains, and Programs", *Behavioral and Brain Sciences* 3, no. 3 (1980): 417–457。

第六章：比尔·科斯比效应

关于幽默与疾病，参见 Norman Cousins, *Anatomy of an Illness as perceived by the Patient* (New York: W. W. Norton, 1979)。

内在的医生

笑作为一种锻炼的意义，参见 M. Buchowski, K. Majchrzak, K. Blomquist, K. Chen, D. Byrne, and J. Bachorowski, "Energy Expenditure of Genuine Laughter", *International Journal of Obesity* 31

(2007): 131–137。

笑与血压的关系,参见 William Fry and William Savin, "Mirthful Laughter and Blood Pressure", *Humor: International Journal of Humor Research* 1, no. 1 (1988): 49–62; 以及 Jun Sugawara, Takashi Tarumi, and Hirofumi Tanaka, "Effect of Mirthful Laughter on Vascular Function", *American Journal of Cardiology* 106, no. 6 (2010): 856–859。

关于 Michael Miller 的血管反应性研究,参见 Michael Miller and William Fry, "The Effect of Mirthful Laughter on the Human Cardiovas-cular System", *Medical Hypotheses* 73, no. 5 (2009): 636–643; 还可以参阅 Michael Miller 发表在 *Scientific Session of the American College of Cardiology* (Orlando, FL, 2005) 上的演讲报告。

关于笑与糖尿病,参见 Takashi Hayashi, Osamu Urayama, Miyo Hori, Shigeko Sakamoto, Uddin Mohammad Nasir, Shizuko Iwanaga, Keiko Hayashi, Fumiaki Suzuki, Koichi Kawai, and Kazuo Murakami, "Laughter Modulates Prorenin Receptor Gene Expression in Patients With Type 2 Diabetes", *Journal of Psychonomic Research* 62 (2007): 703–706; 以及 Keiko Hayashi, Takashi Hayashi, Shizuko Iwanaga, Koichi Kawai, Hitoshi Ishii, Shin'ichi Shoji, and Kanuo Murakami, "Laughter Lowered the Increase in Postprandial Blood Glucose", *Diabetes Care* 26, no. 5 (2003): 1651–1652。

关于幽默与一些诸如关节炎、皮炎等疾病的关系的综述,参见 Paul McGhee, *Humor: The Lighter Path to Resilience and Health* (Bloomington, IN: AuthorHouse, 2010)。

关于幽默与免疫系统,参见 Herbert Lefcourt, Karina Davidson-Katz, and Karen Kueneman, "Humor and Immune-System Functioning", *Humor: International Journal of Humor Research* 3, no. 3 (1990):

305—321; 以及 Arthur Stone, Donald Cox, Heiddis Valdimarsdottir, Lina Jandorf, and John Neale, "Evidence That Secretory IgA Antibody Is Associated with Daily Mood", *Journal of Personality and Social Psychology* 52, no. 5 (1987): 988—993; 以及 Mary Bennett, Janice Zeller, Lisa Rosenberg, and Judith McCann, "The Effect of Mirthful Laughter on Stress and Natural Killer Cell Activity", *Alternative Therapies* 9, no. 2 (2003): 38—44。

关于挪威人的健康研究，参见 Sven Svebak, Rod Martin, and Jostein Holmen,"The Prevalence of Sense of Humor in a Large, Unselected Country Population in Norway: Relations with Age, Sex, and Some Health Indicators", *Humor: International Journal of Humor Research* 17, no. 1/2 (2004): 121—134。

关于个性与长寿，参见 Howard Friedman, Joan Tucker, Carol Tomlinson-Keasey, Joseph Schwartz, Deborah Wingard, and Michael Criqui, "Does Childhood Personality Predict Longevity? "*Journal of Personality and Social Psychology* 65, no. 1 (1993): 176—185。

关于幽默与心血管疾病，参见 Paavo Kerkkänen, Nicholas Kuiper, and Rod Martin, "Sense of Humor, Physical Health, and Well-Being at Work: A Three-Year Longitudinal Study of Finnish Police Officers", *Humor: International Journal of Humor Research* 17, no. 1/2 (2004): 21—35。

关于神经质与长寿，参见 Benjamin Lahey, "Public Health Significance of Neuroticism", *American Psychologist* 64, no. 4 (2009): 241—256。

比尔·科斯比效应

关于幽默与住院病人的恢复，参见 James Rotton and Mark Shats, "Effects of State Humor, Expectancies, and Choice on Postsurgical Mood and Self-Medication: A Field Experiment", *Journal of Applied Social Psychology* 26, no. 20 (1996): 1775—1794。

关于幽默、疼痛忍耐及冷迫测验，参见 Matisyohu Weisenberg, Inbal Tepper, and Joseph Schwarzwald, "Humor as a Cognitive Technique for Increasing Pain Tolerance", *Pain* 63 (1995): 207—212。

关于看《老友记》一类的情景喜剧的好处（较之于静坐与休息），参见 Attila Szabo, Sarah Ainsworth, and Philippa Danks, "Experimental Comparison of the Psychological Benefits of Aerobic Exercise, Humor, and Music", *Humor: International Journal of Humor Research* 18, no. 3 (2005): 235—246。

关于幽默类型与健康，参见 Paul Frewen, Jaylene Brinker, Rod Martin, and David Dozois, "Humor Styles and Personality—Vulnerability to Depression", *Humor: International Journal of Humor Research* 21, no. 2 (2008): 179—195; 以及 Vassilis Saroglou and Lydwine Anciaux, "Liking Sick Humor: Coping Styles and Religion as Predictors", *Humor: International Journal of Humor Research* 17, no. 3 (2004): 257—277; 以及 Nicholas Kuiper and Rod Martin, "Humor and Self-Concept", *Humor: International Journal of Humor Research* 6, no. 3 (1993): 251—270; 以及 Nicholas Kuiper, Melissa Grimshaw, Catherine Leite, and Gillian Kirsh, "Humor Is Not Always the Best Medicine: Specific Components of Sense of Humor and Psychological Well-Being", *Humor: International Journal of Humor Research* 17, no. 1/2 (2004): 135—168。

关于幽默的调节假设，参见 Arthur Nezu, Christine Nezu, and Sonia Blissett, "Sense of Humor as a Moderator of the Relation Between Stressful Events and Psychological Distress: A Prospective Analysis", *Journal of Personality and Social Psychology* 54, no. 3 (1988): 520–525。

关于幽默与电影 *Faces of Death*，参见 Arnie Cann, Lawrence Calhoun, and Jamey Nance, "Exposure to Humor Before and After an Unpleasant Stimulus: Humor as a Preventative or a Cure", *Humor: International Journal of Humor Research* 13, no. 2 (2000): 177–191。

关于幽默与积极愿景，参见 Millicent Abel, "Humor, Stress, and Coping Strategies", *Humor: International Journal of Humor Research* 15, no. 4 (2002): 365–381; 以及 N. Kuiper, R. Martin, and K. Dance, "Sense of Humor and Enhanced Quality of Life", *Personality and Individual Differences* 13, no. 12 (1992): 1273–1283。

关于幽默应用于医院里的案例，参见 John Morreall, "Applications of Humor: Health, the Workplace, and Education", in *The Primer of Humor Research,* ed. Victor Raskin (New York: Mouton de Gruyter, 2009); 以及 Paul McGhee's *Humor: The Lighter Path to Resilience and Health* (New York: Author House, 2010)。

第七章：幽默翩然起舞

幽默与跳舞

关于幽默与爵士乐间的关系，参见 Kendall Walton, "Understanding Humor and Understanding Music", *The Journal of Musicology*, 11, no. 1 (1993): 32–44; 以及 Frank Salamone, "Close Enough for Jazz:

Humor and Jazz Reality", *Humor: International Journal of Humor Research* 1, no. 4 (1988): 371−388。

关于喜剧的时机，参见 Salvatore Attardo and Lucy Pickering, "Timing in the Performance of Jokes", *Humor: International Journal of Humor Research* 24, no. 2 (2011): 233−250。

关于语音段落，参见 Lucy Pickering, Marcella Corduas, Jodi Eisterhold, Brenna Seifried, Alyson Eggleston, and Salvatore Attardo, "Prosodic Markers of Saliency in Humorous Narratives", *Discourse Processes* 46 (2009): 517−540。

关于突击句，参见 Villy Tsakona, "Jab Lines in Narrative Jokes", *Humor: International Journal of Humor Research* 16, no. 3 (2003): 315−329。

关于 Paul Grice 与他的沟通准则，参见 Daniel Perlmutter, "On Incongruities and Logical Inconsistencies in Humor: The Delicate Balance", *Humor: International Journal of Humor Research* 15, no. 2 (2002): 155−168; 以及 Salvatore Attardo's *Linguistic Theories of Humor* (New York: Mouton de Gruyter, 1994)。

关于讽刺的独特性，参见 Salvatore Attardo, Jodi Eisterhold, Jennifer Hay, and Isabella Poggi, "Multimodal Markers of Irony and Sarcasm", *Humor: International Journal of Humor Research* 16, no. 2 (2003): 243−260。

同侪压力

关于实验者对受试者幽默等级评定的影响，参见 Willibald Ruch, "State and Trait Cheerfulness and the Induction of Exhilaration: A FACS Study", *European Psychologist* 2, no. 4 (1997): 328−341。

关于被分享的笑，参见 Howard Pollio and Charles Swanson, "A Behavioral and Phenomenological Analysis of Audience Reactions to Comic Performance", *Humor: International Journal of Humor Research* 8, no. 1 (1995): 5–28; 以及 Jonathan Freedman and Deborah Perlick, "Crowding, Contagion, and Laughter", *Journal of Experimental Social Psychology* 15 (1979): 295–303; 以及 Jennifer Butcher and Cynthia Whissell, "Laughter as a Function of Audience Size, Sex of the Audience, and Segments of the Short Film 'Duck Soup'", *Perceptual and Motor Skills* 59 (1984): 949–950; 以及 Alan Fridlund, "Sociality of Solitary Smiling: Potentiation by an Implicit Audience", *Journal of Personality and Social Psychology* 60, no. 2 (1991): 229–240; 以及 T. Nosanchuk and Jack Lightstone, "Canned Laughter and Public and Private Conformity", *Journal of Personality and Social Psychology* 29, no. 1 (1974): 153–156; 以及 Richard David Young and Margaret Frye, "Some Are Laughing, Some Are Not—Why?" *Psychological Reports* 18 (1966): 747–754。

关于实验性的对幽默的操弄，参见 David Wimer and Bernard Beins, "Expectations and Perceived Humor", *Humor: International Journal of Humor Research* 21, no. 3 (2008): 347–363; 以及 James Olson and Neal Roese, "The Perceived Funniness of Humorous Stimuli", *Personality and Social Psychology Bulletin* 21, no. 9 (1995): 908–913; 以及 Timothy Lawson, Brian Downing, and Hank Cetola, "An Attributional Explanation for the Effect of Audience Laughter on Perceived Funniness", *Basic and Applied Social Psychology* 20, no. 4 (1998): 243–249。

两个大脑，一个心灵

为保护隐私，琳达是化名。在学术文献中她被称为病人 N. G.。同样的菲利浦也是化名，学术文献中被称为病人 L. B.。

关于裂脑和脑半球优势，参见 Eran Zaidel and Marco Iacoboni, *The Parallel Brain: The Cognitive Neuroscience of the Corpus Callosum* (Cambridge, MA: MIT Press, 2003)。正文中的引文出自私人访谈，关于联合部切开术的过程，参见 Joseph Bogen and Philip Vogel, "Neurologic Status in the Long Term Following Complete Cerebral Commissurotomy", in F. Michel and B. Schott, *Les Syndromes de Disconnexion Calleuse Chez l'Homme* (Hôpital Lyon, 1974)。

关于右半脑损伤的患者失去幽默感的描述，参见 Hiram Brownell, Dee Michel, John Powelson, and Howard Gardner, "Surprise But Not Coherence: Sensitivity to Verbal Humor in Right-Hemisphere Patients", *Brain and Language* 18 (1983): 20–27。

关于大脑半球的差异，参见 Fredric Schiffer, Eran Zaidel, Joseph Bogen, and Scott Chasan-Taber, "Different Psychological Status in the Two Hemispheres of Two Split-Brain Patients", *Neuropsychiatry, Neuropsychology, and Behavioral Neurology* 11, no. 3 (1998): 151–156; 以及 the talk presented by Vilayanur Ramachandran to the 2006 Beyond Belief Conference at the Salk Institute for Biological Studies in La Jolla, California, available freely on YouTube。

关于右脑对洞察力和诗歌艺术的重要性，参见 Edward Bowden, Mark Jung-Beeman, Jessica Fleck, and John Kounios, "New Approaches to Demystifying Insight", *Trends in Cognitive Sciences* 9, no. 7 (2005): 322–328; 以及 Edward Bowden and Mark Jung-Beeman, "Aha! Insight Experience Correlates with Solution Activation in the

Right Hemisphere", *Psychonomic Bulletin and Review* 10, no. 3 (2003): 730-737; 以及 Edward Bowden and Mark Jung-Beeman, "Getting the Right Idea: Semantic Activation in the Right Hemisphere May Help Solve Insight Problems", *Psychological Science* 9, no. 6 (1988): 435-440; 以及 M. Faust and N. Mashal, "The Role of the Right Cerebral Hemisphere in Processing Novel Metaphoric Expressions Taken from Poetry: A Divided Visual Field Study", *Neuropsychologia* 45 (2007): 860-870。

有趣的关系

关于幽默与伴侣选择，参见 Jane Smith, Ann Waldorf, and David Trembath, "Single, White Male Looking for Thin, Very Attractive...", *Sex Roles* 23, no. 11 (1990): 675-685; 以及 Hal Daniel, Kevin O'Brien, Robert McCabe, and Valerie Quinter, "Values in Mate Selection: A 1984 Campus Study", *College Student Journal* 15 (1986): 44-50; 以及 Bojan Todosijević, Snežana Ljubinković, and Aleksandra Arančić, "Mate Selection Criteria: A Trait Desirability Assessment Study of Sex Differences in Serbia", *Evolutionary Psychology* 1 (2003): 116-126; 以及 Lester Hewitt, "Student Perceptions of Traits Desired in Themselves as Dating and Marriage Partners", *Marriage and Family Living* 20, no. 4 (1958): 344-349; 以及 Richard Lippa, "The Preferred Traits of Mates in a Cross-National Study of Heterosexual and Homosexual Men and Women: An Examination of Biological and Cultural Influences", *Archives of Sexual Behavior* 36 (2007): 193-208。

关于制造幽默与欣赏幽默的性别差异，参见 Eric Bressler, Rod Martin, and Sigal Balshine, "Production and Appreciation of Humor as

Sexually Selected Traits", *Evolution and Human Behavior* 27 (2006): 121–130。

关于成功的关系中幽默所扮演的角色，参见 William Hampes, "The Relationship Between Humor and Trust", *Humor: International Journal of Humor Research* 12, no. 3 (1999): 253–259; 以及 William Hampes, "Relation Between Intimacy and Humor", *Psychological Reports* 71 (1992): 127–130; 以及 Robert Lauer, Jeanette Lauer, and Sarah Kerr, "The Long-Term Marriage: Perceptions of Stability and Satisfaction", *International Journal of Aging and Human Development* 31, no. 3 (1990): 189–195; 以及 John Rust and Jeffrey Goldstein, "Humor in Marital Adjustment", *Humor: International Journal of Humor Research* 2, no. 3 (1989): 217–223; 以及 Avner Ziv, "Humor's Role in Married Life", *Humor: International Journal of Humor Research* 1, no. 3 (1988): 223–229。

第八章：噢！你将要去的地方

关于 "Malice in Dallas"，参见 Kevin Freiberg and Jackie Freiberg, *Nuts! Southwest Airlines' Crazy Recipe for Business and Personal Success* (Austin, TX: Bard Press, 1996)。

噢！你将要去的地方

关于商业界的幽默，参见 John Morreall, "Applications of Humor: Health, the Workplace, and Education", in *The Primer of Humor Research,* ed. Victor Raskin (New York: Mouton de Gruyter, 2009)。

关于幽默与公共演讲的组织，参见 John Jones, "The Masking Effects of Humor on Audience Perception and Message Organization",

Humor: International Journal of Humor Research 18, no. 4 (2005): 405−417。

关于西点军校的幽默，参见 Robert Priest and Jordan Swain, "Humor and Its Implications for Leadership Effectiveness", *Humor: International Journal of Humor Research* 15, no. 2 (2002): 169−189。

关于教室里的幽默，参见 Robert Kaplan and Gregory Pascoe, "Humorous Lectures and Humorous Examples: Some Effects upon Comprehension and Retention", *Journal of Educational Psychology* 69, no. 1 (1977): 61−65; 以及 Avner Ziv, "Teaching and Learning with Humor: Experiment and Replication", *Journal of Experimental Education* 57, no. 1 (1988): 5−15。

关于政治、国会和最高法院的幽默，参见 Alan Partington, "Double-Speak at the White House: A Corpus-Assisted Study of Bisociation in Conversational Laughter-Talk", *Humor: International Journal of Humor Research* 24, no. 4 (2011): 371−398; 以及 Dean Yarwood, "When Congress Makes a Joke: Congressional Humor as Serious and Purposeful Communication", *Humor: International Journal of Humor Research* 14, no. 4 (2001): 359−394; 以及 Pamela Hobbs, "Lawyers'Use of Humor as Persuasion", *Humor: International Journal of Humor Research* 20, no. 2 (2007): 123−156。

关于幽默与政治上的谦卑，参见 Amy Bippus, "Factors Predicting the Perceived Effectiveness of Politicians'Use of Humor During a Debate", *Humor: International Journal of Humor Research* 20, no. 2 (2007): 105−121。

关于工作场合的幽默，参见 Barbara Plester and Mark Orams, "Send in the Clowns：The Role of the Joker in Three New Zealand IT

Companies", *Humor: International Journal of Humor Research* 21, no. 3 (2008): 253−281; 以及 Owen Lynch,"Cooking with Humor: In-Group Humor as Social Organization", *Humor: International Journal of Humor Research* 23, no. 2 (2010): 127−159; 以及 Reva Brown and Dermott Keegan, "Humor in the Hotel Kitchen", *Humor: International Journal of Humor Research* 12, no. 1 (1999): 47−70; 以及 Leide Porcu, "Fishy Business: Humor in a Sardinian Fish Market", *Humor: International Journal of Humor Research* 18, no. 1 (2005): 69−102; 以及 Janet Bing and Dana Heller, "How Many Lesbians Does It Take to Screw in a Light Bulb? " *Humor: International Journal of Humor Research* 16, no. 2 (2003): 157−182; 以及 Catherine Davies, "Joking as Boundary Negotiation Among Good Old Boys: White Trash as a Social Category at the Bottom of the Southern Working Class in Alabama", *Humor: International Journal of Humor Research* 23, no. 2 (2010): 179−200。

更棒的影射

关于幽默与智力，参见 Ann Masten, "Humor and Competence in School-Aged Children", *Child Development* 57 (1986): 461−473。

关于幽默与洞察力，参见 Alice Isen, Kimberly Daubman, and Gary Nowicki, "Positive Affect Facilitates Creative Problem Solving", *Journal of Personality and Social Psychology* 52, no. 6 (1987): 1122−1131; 以及 Heather Belanger, Lee Kirkpatrick, and Peter Derks, "The Effects of Humor on Verbal and Imaginal Problem Solving", *Humor: International Journal of Humor Research* 11, no. 1 (1998): 21−31。

关于幽默与创造力，参见 Avner Ziv, "Facilitating Effects of Humor on Creativity", *Journal of Educational Psychology* 68, no. 3

(1976): 318−322。

看罗宾·威廉斯独角喜剧有助于提高我们解决问题的能力，这一发现引自一份 Mark Jung-Beeman 未发表的论文。关于实验本身，参见他发表于《纽约时报》2010 年 12 月 6 日的文章 "Tracing the Spark of Creative Problem Solving"。

变得好笑

关于遗传特性，参见 Matt McGue and Thomas Bouchard, "Genetic and Environmental Influences on Human Behavioral Differences", *Annual Review of Neuroscience* 21 (1998): 1−24。关于幽默的遗传，参见 Beth Manke, "Genetic and Environmental Contributions to Children's Interpersonal Humor", *in Sense of Humor: Explorations of a Personality Characteristic,* ed. Willibald Ruch (New York: Mouton de Gruyter, 1998)。

关于搞笑天性，参见 Seymour Fisher and Rhoda Fisher, *Pretend the World Is Funny and Forever: A Psychological Analysis of Comedians, Clowns, and Actors* (Hillsdale, NJ: Lawrence Erlbaum Associates, 1981)。

关于幽默理解与创作的联系，参见 Aaron Kozbelt and Kana Nishioka, "Humor Comprehension, Humor Production, and Insight: An Exploratory Study", *Humor: International Journal of Humor Research* 23, no. 3 (2010): 375−401。

关于幽默训练，参见 Ofra Nevo, Haim Aharonson, and Avigdor Klingman, "The Development and Evaluation of a Systematic Program for Improving Sense of Humor", in *The Sense of Humor: Explorations of a Personality Characteristic,* ed. Willibald Ruch (New York: Mouton de Gruyter, 1998)。

结语

如果你真的想了解幽默与醉酒，参阅 James Weaver, Jonathan Masland, Shahin Kharazmi, and Dolf Zillmann, "Effect of Alcoholic Intoxication on the Appreciation of Different Types of Humor", *Journal of Personality and Social Psychology* 49, no. 3 (1985): 781−787。关于俄罗斯的《弗马与耶若马》，参见 Alexander Kozintsev, "Foma and Yerema; Max and Moritz; Beavis and Butt-Head: Images of Twin Clowns in Three Cultures", *Humor: International Journal of Humor Research* 15, no. 4 (2002): 419−439。

关于"心流"的概念，参见 Mihaly Csikzentmihalyi, *Flow: The Psychology of Optimal Experience* (New York: Harper and Row, 1990)。

新知文库

01 《证据：历史上最具争议的法医学案例》[美] 科林·埃文斯 著　毕小青 译
02 《香料传奇：一部由诱惑衍生的历史》[澳] 杰克·特纳 著　周子平 译
03 《查理曼大帝的桌布：一部开胃的宴会史》[英] 尼科拉·弗莱彻 著　李响 译
04 《改变西方世界的26个字母》[英] 约翰·曼 著　江正文 译
05 《破解古埃及：一场激烈的智力竞争》[英] 莱斯利·罗伊·亚京斯 著　黄中宪 译
06 《狗智慧：它们在想什么》[加] 斯坦利·科伦 著　江天帆、马云霏 译
07 《狗故事：人类历史上狗的爪印》[加] 斯坦利·科伦 著　江天帆 译
08 《血液的故事》[美] 比尔·海斯 著　郎可华 译　张铁梅 校
09 《君主制的历史》[美] 布伦达·拉尔夫·刘易斯 著　荣予、方力维 译
10 《人类基因的历史地图》[美] 史蒂夫·奥尔森 著　霍达文 译
11 《隐疾：名人与人格障碍》[德] 博尔温·班德洛 著　麦湛雄 译
12 《逼近的瘟疫》[美] 劳里·加勒特 著　杨岐鸣、杨宁 译
13 《颜色的故事》[英] 维多利亚·芬利 著　姚芸竹 译
14 《我不是杀人犯》[法] 弗雷德里克·肖索依 著　孟晖 译
15 《说谎：揭穿商业、政治与婚姻中的骗局》[美] 保罗·埃克曼 著　邓伯宸 译　徐国强 校
16 《蛛丝马迹：犯罪现场专家讲述的故事》[美] 康妮·弗莱彻 著　毕小青 译
17 《战争的果实：军事冲突如何加速科技创新》[美] 迈克尔·怀特 著　卢欣渝 译
18 《口述：最早发现北美洲的中国移民》[加] 保罗·夏亚松 著　暴永宁 译
19 《私密的神话：梦之解析》[英] 安东尼·史蒂文斯 著　薛绚 译
20 《生物武器：从国家赞助的研制计划到当代生物恐怖活动》[美] 珍妮·吉耶曼 著　周子平 译
21 《疯狂实验史》[瑞士] 雷托·U. 施奈德 著　许阳 译
22 《智商测试：一段闪光的历史，一个失色的点子》[美] 斯蒂芬·默多克 著　卢欣渝 译
23 《第三帝国的艺术博物馆：希特勒与"林茨特别任务"》[德] 哈恩斯 – 克里斯蒂安·罗尔 著　孙书柱、刘英兰 译
24 《茶：嗜好、开拓与帝国》[英] 罗伊·莫克塞姆 著　毕小青 译
25 《路西法效应：好人是如何变成恶魔的》[美] 菲利普·津巴多 著　孙佩妏、陈雅馨 译
26 《阿司匹林传奇》[英] 迪尔米德·杰弗里斯 著　暴永宁、王惠 译

27	《美味欺诈:食品造假与打假的历史》[英]比·威尔逊 著	周继岚 译
28	《英国人的言行潜规则》[英]凯特·福克斯 著	姚芸竹 译
29	《战争的文化》[以]马丁·范克勒韦尔德 著	李阳 译
30	《大背叛:科学中的欺诈》[美]霍勒斯·弗里兰·贾德森 著	张铁梅、徐国强 译
31	《多重宇宙:一个世界太少了?》[德]托比阿斯·胡阿特、马克斯·劳讷 著	车云 译
32	《现代医学的偶然发现》[美]默顿·迈耶斯 著	周子平 译
33	《咖啡机中的间谍:个人隐私的终结》[英]吉隆·奥哈拉、奈杰尔·沙德博尔特 著	毕小青 译
34	《洞穴奇案》[美]彼得·萨伯 著	陈福勇、张世泰 译
35	《权力的餐桌:从古希腊宴会到爱丽舍宫》[法]让-马克·阿尔贝 著	刘可有、刘惠杰 译
36	《致命元素:毒药的历史》[英]约翰·埃姆斯利 著	毕小青 译
37	《神祇、陵墓与学者:考古学传奇》[德]C.W.策拉姆 著	张芸、孟薇 译
38	《谋杀手段:用刑侦科学破解致命罪案》[德]马克·贝内克 著	李响 译
39	《为什么不杀光?种族大屠杀的反思》[美]丹尼尔·希罗、克拉克·麦考利 著	薛绚 译
40	《伊索尔德的魔汤:春药的文化史》[德]克劳迪娅·米勒-埃贝林、克里斯蒂安·拉奇 著 王泰智、沈惠珠 译	
41	《错引耶稣:〈圣经〉传抄、更改的内幕》[美]巴特·埃尔曼 著	黄恩邻 译
42	《百变小红帽:一则童话中的性、道德及演变》[美]凯瑟琳·奥兰丝汀 著	杨淑智 译
43	《穆斯林发现欧洲:天下大国的视野转换》[英]伯纳德·刘易斯 著	李中文 译
44	《烟火撩人:香烟的历史》[法]迪迪埃·努里松 著	陈睿、李欣 译
45	《菜单中的秘密:爱丽舍宫的飨宴》[日]西川惠 著	尤可欣 译
46	《气候创造历史》[瑞士]许靖华 著	甘锡安 译
47	《特权:哈佛与统治阶层的教育》[美]罗斯·格雷戈里·多塞特 著	珍栎 译
48	《死亡晚餐派对:真实医学探案故事集》[美]乔纳森·埃德罗 著	江孟蓉 译
49	《重返人类演化现场》[美]奇普·沃尔特 著	蔡承志 译
50	《破窗效应:失序世界的关键影响力》[美]乔治·凯林、凯瑟琳·科尔斯 著	陈智文 译
51	《违童之愿:冷战时期美国儿童医学实验秘史》[美]艾伦·M.霍恩布鲁姆、朱迪斯·L.纽曼、格雷戈里·J.多贝尔 著 丁立松 译	
52	《活着有多久:关于死亡的科学和哲学》[加]理查德·贝利沃、丹尼斯·金格拉斯 著	白紫阳 译
53	《疯狂实验史Ⅱ》[瑞士]雷托·U.施奈德 著	郭鑫、姚敏多 译
54	《猿形毕露:从猩猩看人类的权力、暴力、爱与性》[美]弗朗斯·德瓦尔 著	陈信宏 译
55	《正常的另一面:美貌、信任与养育的生物学》[美]乔丹·斯莫勒 著	郑嬿 译

56 《奇妙的尘埃》[美] 汉娜·霍姆斯 著　陈芝仪 译

57 《卡路里与束身衣：跨越两千年的节食史》[英] 路易丝·福克斯克罗夫特 著　王以勤 译

58 《哈希的故事：世界上最具暴利的毒品业内幕》[英] 温斯利·克拉克森 著　珍栎 译

59 《黑色盛宴：嗜血动物的奇异生活》[美] 比尔·舒特 著　帕特里曼·J.温 绘图　赵越 译

60 《城市的故事》[美] 约翰·里德 著　郝笑丛 译

61 《树荫的温柔：亘古人类激情之源》[法] 阿兰·科尔班 著　苢蓓 译

62 《水果猎人：关于自然、冒险、商业与痴迷的故事》[加] 亚当·李斯·格尔纳 著　于是 译

63 《囚徒、情人与间谍：古今隐形墨水的故事》[美] 克里斯蒂·马克拉奇斯 著　张哲、师小涵 译

64 《欧洲王室另类史》[美] 迈克尔·法夸尔 著　康怡 译

65 《致命药瘾：让人沉迷的食品和药物》[美] 辛西娅·库恩等 著　林慧珍、关莹 译

66 《拉丁文帝国》[法] 弗朗索瓦·瓦克 著　陈绮文 译

67 《欲望之石：权力、谎言与爱情交织的钻石梦》[美] 汤姆·佐尔纳 著　麦慧芬 译

68 《女人的起源》[英] 伊莲·摩根 著　刘筠 译

69 《蒙娜丽莎传奇：新发现破解终极谜团》[美] 让－皮埃尔·伊斯鲍茨、克里斯托弗·希斯·布朗 著　陈薇薇 译

70 《无人读过的书：哥白尼〈天体运行论〉追寻记》[美] 欧文·金格里奇 著　王今、徐国强 译

71 《人类时代：被我们改变的世界》[美] 黛安娜·阿克曼 著　伍秋玉、澄影、王丹 译

72 《大气：万物的起源》[英] 加布里埃尔·沃克 著　蔡承志 译

73 《碳时代：文明与毁灭》[美] 埃里克·罗斯顿著　吴妍仪 译

74 《一念之差：关于风险的故事与数字》[英] 迈克尔·布拉斯兰德、戴维·施皮格哈尔特 著　威治 译

75 《脂肪：文化与物质性》[美] 克里斯托弗·E.福思、艾莉森·利奇 编著　李黎、丁立松 译

76 《笑的科学：解开笑与幽默感背后的大脑谜团》[美] 斯科特·威姆斯 著　刘书维 译